现代企业卓越管理方法丛书

SHENGCHAN YUNYING

QIYE HEXIN LINGYU DE GAOXIAO YUNZUO

生产运营

企业核心领域的高效运作

主编⊙舒天戈 邱卫东

本册主编⊙宋 林

四川大学出版社

责任编辑：陈克坚
责任校对：龚　瑶
封面设计：刘建波
责任印制：王　炜

图书在版编目(CIP)数据

生产运营：企业核心领域的高效运作 / 舒天戈，邱卫东主编. —成都：四川大学出版社，2015.7（2025.1重印）
（现代企业卓越管理方法）
ISBN 978-7-5614-8737-2

Ⅰ.①生… Ⅱ.①舒… ②邱… Ⅲ.①企业管理-生产管理 Ⅳ.①F273

中国版本图书馆CIP数据核字（2015）第162952号

书名　生产运营——企业核心领域的高效运作

主　　编　舒天戈　邱卫东
出　　版　四川大学出版社
地　　址　成都市一环路南一段24号（610065）
发　　行　四川大学出版社
书　　号　ISBN 978-7-5614-8737-2
印　　刷　三河市天润建兴印务有限公司
成品尺寸　170 mm×240 mm
印　　张　16
字　　数　260千字
版　　次　2016年1月第1版
印　　次　2025年4月第3次印刷
定　　价　42.00元

◆读者邮购本书，请与本社发行科联系。
电话：(028)85408408/(028)85401670/(028)85408023　邮政编码：610065
◆本社图书如有印装质量问题，请寄回出版社调换。
◆网址：http://www.scup.cn

前言

Preface

生产是人类社会最基本的活动，是人类社会最重要的发展要素。在信息化时代，人类社会的生产活动从内容到形式、从过程到结果，都发生了前所未有的重大变化。从事生产运营活动的企业，面对市场化改革和经营环境变化的巨大挑战，需要精心做好生产运营的战略决策、系统设计，需要精心组织生产运营的资源配置和过程管理。

总结各企业经营实践的得与失，可以得出这样的结论：一个生产水平低下、生产效率不高、生产运营管理不善的企业，注定无法正常地参与市场竞争，注定会被变化发展中的现代市场所淘汰。

精心地组织生产运营，是企业经营管理领域的核心工作，在企业中占有不可替代的重要地位。然而，今天的不少企业，往往本末倒置，把主要精力投向了市场，把管理重心倾斜到了营销，把绝大多数资源转移到其经营环节，致使企业的生产运营大受影响，由此削弱了企业的竞争优势。究其原因，一方面是经营管理的理念出现偏差，放松了对企业经营的核心领域的应有重视。另一方面是缺乏有关生产运营高效运行的管理知识和先进方法，导致了生产环节的基础薄弱、效率不高。

《生产运营——企业核心领域的高效运作》一书是针对

上述问题，以及为解决企业生产运营管理中的实际问题而组织专家学者精心编写的。全书内容丰富，首先阐述了企业生产运营的重要地位，接着全面地介绍了生产运营的战略设计、生产运营的系统空间设计、产品开发与工艺选择、工作设计与工作测量，生产计划与项目计划管理、作业计划与作业控制、准时生产方式与最优生产技术、敏捷制造等先进生产方式的最新发展现状等诸多方面的内容。书中全方位地讲解说明了现代企业生产运营全过程的管理要点与操作方法，条理清晰，融知识性、实用性、可读性于一体，是符合广大企业经营管理者实际需要的良好的学习读物。

编　者

2014 年 9 月

目 录

第一章 生产运营管理概述

第二章　生产运营战略

一、生产运营战略的含义与作用

二、生产运营战略的基本内容

三、生产运营战略的制定

第三章　生产运营系统的空间设计

一、厂址选址决策

第八章 准时生产方式

一、准时生产方式的含义和特征

二、准时生产方式的实现

三、看板控制与精益生产

四、精益生产方式

第九章　先进生产方式的新发展

一、最优生产技术

二、敏捷制造

三、计算机集成制造系统

第十章　独立需求库存系统

一、库存的含义及作用

三、库存问题的分类

三、库存控制

四、单周期库存控制模型

五、多周期库存控制模型

六、不确定条件下的库存管理

第十一章　物料需求计划系统

一、物料需求计划系统概述

二、物料需求计划系统的工作原理

三、物料需求计划系统的应用

第十二章　质量管理

一、质量与质量管理

四、生产维修

五、基本维护决策

六、设备的可靠性

第一章
生产运营管理概述

如何管理生产资源是关系到企业战略发展与企业竞争力的关键问题。企业要在当今的全球经济中生存，关键是通过向全世界的运作，向顾客提供优质的具有竞争性价格的产品或服务。企业家往往因为没有良好的生产运营管理知识，不能有效地运用资金，而导致最终经营失败。

——［美］约翰·奥格威

一、生产运营系统

1. 生产运营概述

在人们的一般认识中，生产是人类社会最基础的活动。生产是个大概念。例如，在经济活动中，人们广泛从事着“农业生产”“工业生产”；在医疗活动中，妇女临产，也习惯称为“生产”；在文化活动中，素有笔墨大师之称的作家、记者，也使用起“电视剧生产”的词汇；即使在探索高深莫测的知识经济时，也提出“知识的生产”。**总之，从事有形产品的或无形产品的活动，都涉足生产。真可谓：生产之大，无处不有。**

然而，管理学科却对生产、运营有着特别的定义。由于管理学科源于制造业，最初主要限于对有形产品的生产研究，因而其学科被称为“生产管理”。后来，随着经济的发展、技术的进步，人们除了对各种有形产品的需求之外，对有形产品形成之后的相关服务的需求也不断提高，形成了专门的流通、零售、金融、房地产等服务行业。此外，随着生活水平的不断提高，人们对教育、医疗、保险、理财、娱乐、人际交往等方面的要求也在提高，相关的行业规模也在不断扩大。因此，对所有这些提供无形产品（即提供服务）运营管理的研究也就应运而生。而且无形产品的运营过程与有形产品的生产过程都具有下述共同的特征。

- 都能够满足人们的某种需要，即都具有一定的使用价值。
- 都存在着“投入——变换——产出”的过程（如表 1－1 所归纳）。即都要投入一定的资源，经过一系列形式的变换，向社会提供某种形式的产出（有用的产品），实现价值增值。
- 都需要面对市场，都需要把设备和人员组织起来，都需要进行计划、组织、控制。例如，旅游业中，一艘远程航行的游轮同样需要设备的维修，物资采购（食物、药品、燃油、设备备件、卧具），计划安排（航行计划、旅游日程计划、旅游景点游览计划），员工管理（定员、培训、激励）等活动。

由此，人们开始把对无形产品的“生产”的管理研究纳入生产管理的范畴中。或者说，生产管理的范围从制造业扩大到了服务业。这种扩大了的“生产”概念，在西方管理学界被称为“operations”，即运营（有的译为运作、作业、业务）。

表 1－1　　　　生产类型

类型	输入	资源	转换功能	输出
医院	病人	医生、护士、药品、医疗器械	健康治疗	治愈的病人
饭店	饥饿的顾客	食物、厨师、服务员、店堂	提供饭菜服务	满意的顾客
储运中心	入库的货物	仓库、保管员	货物储存与运输	运送的货物
电视机厂	电子元件、显像管	工具、设备、装配流水线、工人	装配	成品电视
化工厂	原料、物料	设备、装置、仪表、工人	反应与分离	化工产品
大学	高中毕业生	教师、教学资料、教室、实验室	传授知识和技能	大学毕业生
百货商店	购买者	售货员、货柜、橱窗	引导顾客、推销商品	购物离去的顾客

但是，从管理的角度看，有形产品的生产与无形产品的“生产”（运营）实际上是有许多不同点的，具体可见表 1－2。因此，本书也就使用了“生产运营”这一概念名词。这既表示本书的论述范围涵盖了制造业和非制造业，又表示两者之间有一定区别。而由于“生产”与“运营”本质上的相同性，在描述时，则将灵活地采用“生产”或“运营”，或“生产运作”等提法。

表 1－2　　　　制造业与服务业的区别

特征	制造业	服务业
产品	产品是有形的、耐久的	产品无形、不可触、不耐久
产出储存	产出可储存	产出不可储存

表 1－2（续）

特征	制造业	服务业
顾客接触	顾客与生产系统极少接触	顾客与服务系统接触频繁
响应需求周期	响应顾客需求周期较长	响应顾客需求周期很短
服务范围	可服务于地区、全国，乃至国际市场	主要服务于有限区域范围内
设施	设施规模较大	设施规模较小
质量可控性	质量易于度量	质量不易度量

本书把生产运营定义为，对一个组织（包括企业或其他任何形式的组织）的生产运营管理系统的战略决策、设计、运行、控制与改进的活动。

2. 生产运营系统

生产运营管理的核心是对生产运营系统的管理。生产运营系统通过转换过程将投入转化为理想的产出。正如图 1－1 生产模型所示。

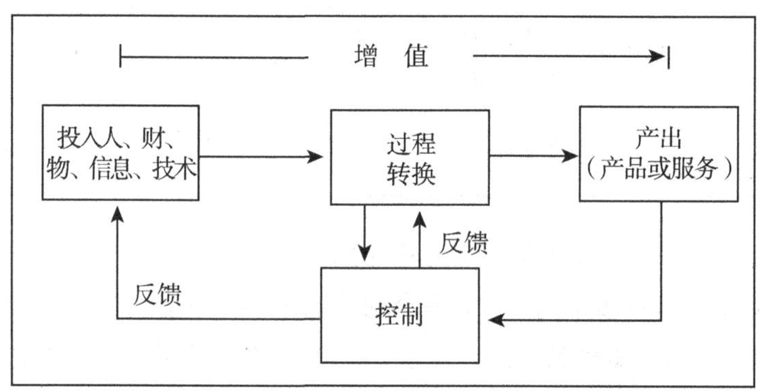

图 1－1　生产模型

投入可以是一种原材料、一位顾客，或者是另外一个系统的产成品等。其中，人是指生产过程中的劳动力，即包括直接劳动力和间接劳动力；物是指投入的原材料、土地、厂房等；财是指生产中花费的资金；信息指的是生产过程中搜集和接触到的消息，既包括直接信息，如客户电话、员工反馈，也包括间接信息，如市场分析报告、杂志、报纸新闻等；技术则是指企业在生产过程中应用的工艺等。系统中发生的转换过程包括如下几个方面：

- 物理过程，例如生产；
- 位置变化过程，例如运输；
- 交易过程，例如零售；
- 存储过程，例如库存；
- 生理过程，例如美容化妆；
- 信息过程，例如电信。

譬如说，一家百货商店能够做到：a. 允许顾客比较价格和质量（信息过程）；b. 存储物品直到顾客需要（存储过程）；c. 卖出商品（交易过程）。

表 1－3 展示了不同系统的“投入—转换—产出”的关系。**需要注意的是，这里只列出了显性的直接资源，更完整的系统还要包括管理职能和支持职能等。**

表 1－3　　　　典型系统的投入—转换—产出之间的关系

系统	投入	主要转换功能	期望产出
医院	医生、护士、药品、设备等	健康护理（生理）	健康人
餐厅	食物、厨师、服务员、设备	精美的食物，舒适的环境（物理和交易）	满意的顾客
汽车厂	工具、设备、工人、钢板、动力	装配和制造汽车（物理）	优质的汽车
大学	教师、教材、教室	知识和技能（信息）	合格的毕业生
超市	商品、结账员、建筑、展示	吸引顾客、推销产品（交易）	满意的顾客

二、生产运营管理的职能范围与内容

1. 生产运营管理的目标与任务

生产运营管理的目标是通过构造一个高效率、适应能力强的生产运营系统，为企业制造有竞争力的产品。所谓有竞争力的产品，必须是具有满足消费者一定需求的功效，并能在消费者需要的时候及时予以提供的产品。这就要求企业必须面对市场，在消费者需要的时候，以适宜的价格提供令消费者满意的产品和服务。

产品竞争力的大小主要取决于产品的质量、成本、交货期三个要素。产品质量是指产品适合一定用途、为满足社会和人们一定需要所具备的自然属性或特性。对于有形产品来说，质量特性可归结为性能、可靠性、安全性、适应性、经济性、时间性等六个方面；对于无形产品来说，服务的质量特性可归纳为功能性、经济性、安全性、时间性、舒适性等五个方面。产品成本是产品竞争力中一个十分重要的要素，它决定了产品的价格是否为消费者所接受，也决定了产品为企业带来的收益大小。交货期是保证产品时间性的关键因素。在这里，交货期是一个广义的概念，它既有及时满足顾客交货要求的含义，又有产品能够适应市场需求适时适量投放市场的含义。企业能否保证及时交货，直接影响着企业的信誉好坏，有时甚至影响着产品的价格高低。

由此可见，**生产运作管理的基本任务是：如何保证和提高产品质量。**这涉及产品的设计质量、制造质量和服务质量，取决于产品设计过程、制造过程、辅助过程、售后服务过程的工作质量情况，即质量管理问题；如何降低产品成本，使产品的价格既为消费者所接受，并为企业带来一定的利润，又涉及企业内资源的合理配置与利用，涉及生产运作系统的效率，也涉及企业资金的运用与管理等问题；如何保证交货期涉及企业如何将各种生产要素在需要的时候组织起来，如何对产品生产进度进行有效控制以及如何按时交货等问题。

2. 生产运营管理的职能范围和内容

生产运营管理的职能范围和内容可从企业生产运营活动过程的角度来看。**对制造业来说，生产活动的主要内容是有形产品的制造过程，**即从原材料投入、工艺加工直至产品完成的过程。传统的生产管理就是对产品基本制造过程的管理，其内容包括生产过程组织、生产计划、生产作业计划、生产调度及生产作业控制等。但是，在产品生产之前，还必须进行一系列的生产技术准备活动，如产品设计、工艺设计、工装夹具设计等，在产品生产完成之后，产品价值的实现还要依赖于售后服务和与市场的相关度。而且，当今市场需求复杂多变，技术进步日新月异，产品更新换代的速度越来越快。这就要求企业必须注重生产系统的选择、设计与调整，提高生产系统的功能和柔性。因此，传统的生产管理的范围必将要扩大，其管理内容也将会以产品基本制造过程为核心并向前后延伸而显得更加丰富。**对服务业来说，其服务过程的核心是无形产品——服务的创造，**在当今市场环境条件下，尤其是信息技术飞速发展的形势下，同样面临着新产品更新换代速度加快、服务多样化的问题。因此，服务业企业也同样面临着作业系统及服务方式的适时调整和优化问题。所以，无论是制造业还是非制造业企业，其生产运营管理的内容都在不断地丰富和发展。

从生产运营管理的职能范围来看，生产运营管理主要包含以下三个不同层次的内容。

（1）生产战略决策

即主要确定企业生产什么，如何对不同的产品品种进行有机组合，企业将采用什么方式来进行生产，企业的生产规模应是多大，为此需要投入哪些生产要素，如何对这些要素进行优化配置，如何确立企业自己的竞争优势，等等方面的问题。

（2）生产运营系统设计决策

即是在生产战略确定以后所进行的战术性决策。当生产战略决策做出以后，为了实现战略目标，就要设计一个高效率的生产运作系统，对系统设施规划和布置、生产运作技术、生产能力规划、生产过程组织、工艺设计、工作设计等问题做出决策。

（3）生产运营系统的运行决策

即是在生产运营系统的结构、功能、构成要素等基本问题确定以后，系统处于日常运行过程中的决策。包括生产计划、生产作业计划、生产调度、生产作业控制、在制品管理、生产进度控制、质量控制等方面。

三、生产运营管理与企业竞争优势

1. 生产运营管理在企业管理中的地位

(1) 企业管理三大基本职能

企业管理源于泰罗的科学管理原理，它按照职能分工形成众多的管理职能，其中最基本的也是最主要的是运营管理、市场营销、财务管理。运营管理主内，负责将原材料转换成产品或服务，在企业的资金运动链上，它是把现金变成储备资金，再变成生产资金，最后转换成成品资金的过程。市场营销专司开拓市场与销售，它负责产品在市场上的“惊险一跃”，实现价值的转换，将成品资金转换成现金的过程。财务管理的对象是企业的资金，它负责资金的筹措、运用和核算。如图 1－2 所示的是企业管理职能分布图，其中图（a）是制造业，图（b）是服务业（以航空公司为例）。

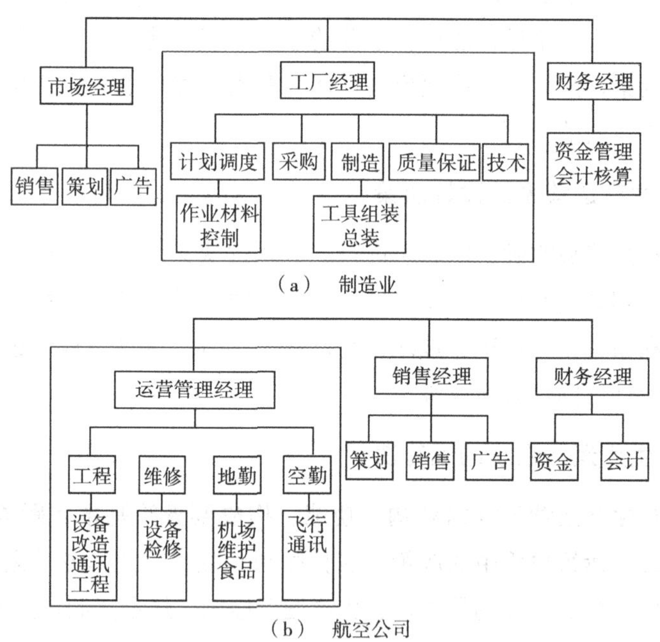

图 1－2 企业管理职能分布图

分工使管理职能细化，促进了职能的专业化，形成了专门的管理学科，提高了职能管理的水平。但是，与此同时分工却削弱了不同职能之间的联系。事实上，这三大管理职能是互相关联、不可分割的。

（2）运营管理与市场营销的关系

在层次上，这两项管理处于同一水平、相对独立。在关系上，市场营销是先导，企业选择什么产品，生产多少数量，什么时候交货，都由营销部门决定。而运营管理的任务是在市场营销的导向下，按质、按量、按时、低成本地制造产品或提供服务。它要为营销部门提供有竞争力的产品，因而它处于基础地位。运营管理和市场营销两者之间的关系是非常简单明了的，我们之所以在此把它提出来，是因为当前业界对其认识存在一些模糊不清的概念。在我国的经济实现转轨时，把我们的眼光从只关心企业内部生产转向关心企业外部市场需求，是非常重要的。但是，如果把市场营销的位置看得过重，而忽视了生产管理的基础地位，企业也难以在市场立足。道理十分简单，产品缺乏竞争力。

（3）运营管理与财务管理的关系

从财务角度看，营销是挣钱的，运营是花钱的。企业都希望钱挣得越多越好，而花得越少越好，但这只是良好的愿望。目前在我国的企业管理实践活动中，管钱与用钱是一对矛盾，财务管理也处于相对被动的地位。运营管理不善占用了大量的资金，而财务部门却对其无能为力。从经营管理角度看，财务应当处于主导地位，运营活动的钱怎样花，应该受到财务上的指导。企业将绝大部分资金投在生产过程中，运营管理对资金也负有相应的管理责任，这个责任体现在如何用好各种资源、如何缩短生产周期等问题上。这样看问题，财务管理与运营管理的目标就一致了。

2. 生产运营管理培养企业竞争优势

企业之间的竞争，归根到底是围绕产品而展开的争取用户的竞争，竞争的焦点集中于如何获取和突出企业的竞争优势，从而更有效率和效益地满足社会和用户的需求。

（1）**市场资格标准 MQC 和赢得订货标准 OWC**

用户对产品的要求可分为六个方面、两个层次。六个方面是指品种款式、质量、数量、价格、服务和交货期。两个层次是指基准功能要求层次和优势功能要求层次，反映了用户满足程度的质的差异。在基准功能要求层次上，产品达到用户满意的水平，就属于符合用户要求的范畴，就意味着这种产品获得了进入市场或在市场中生存的基本资格，故称这种产品达到了立足市场的标准或市场资格标准（Market-Qualifying Criteria，简称 MQC）。在优势功能要求层次上，产品达到使用户感到高兴、快乐的水平，就属于超出用户期望的意想不到的满足、愉悦的范畴，就意味着这种产品在竞争中处于具有竞争优势、受到用户青睐的特别地位，将能赢得用户的订货，故称这种产品达到了赢得订货的标准（Order-Winning Criteria，简称 OWC）。显然，一个企业要想在激烈的市场竞争中战胜对手，仅停留在基准功能要求的层次是远远不够的，**它必须追求在优势功能要求层次比竞争对手具有更强的优势特性，令用户在满意的基础上还感到高兴和快乐。**赢得订货标准 OWC 特性指标，实际上是产品在市场竞争中的关键因素的反映，它和产品生命周期各阶段的竞争特点有着密切的联系。随着产品生命周期日趋缩短以及市场环境的不断变化，OWC 将表现出极为不稳定的易变特性，管理者应予以认真识别。

（2）**生产运营系统与 MQC、OWC 的关系**

产品是生产运营系统运行的结果。有什么样的生产运营系统，就决定了产出的产品将会达到什么样的标准。离开了有效的生产运营系统，要产品达到 MQC、OWC 的水平只能是一句空话。一般对应于用户对产品提出的六方面要求，规定了生产运营系统的创新、质量、弹性、成本、继承性和交货期等六项具体功能目标要求。显然，不同的 MQC 和 OWC，最终都要落实到生产运营系统这六方面的要求及其优先级顺序上，要依靠有效的生产运营系统来实现。

（3）**竞争优势的关键要素：生产率和响应性**

竞争优势是一个企业在一定的竞争范围内超越其竞争对手的某种长

处。具体可以表现在很多方面：如产品的低成本、高质量、多品种发展、独特的服务，等等。一般来说，在寻求和形成竞争优势上，企业不能企求做到面面俱到、寻求多方面的竞争优势。如果面面俱到，往往适得其反，变得无一真正的优势。企业必须通过周密的调查研究，认定其主攻方向，力图在某一方面确立其竞争优势。实际经验总结表明，企业寻求和建立战略竞争优势的主要方向是随着时代的变迁而不断变化的：20 世纪五六十年代的企业主要靠扩大生产运营规模、提高生产运营效率、降低生产运营成本取得市场竞争优势，以生产运营效率为焦点；20 世纪七八十年代的企业不仅靠效率，更重要的是靠质量取得竞争优势；而到了 21 世纪，企业对市场变化的快速反应能力，即其响应性已成为关系到竞争成败的决定性因素。

根据用户对产品、对生产运营系统的要求，联系竞争实际情况的发展变化，可以将竞争优势的关键要素归结为两个方面：生产率和响应性。

①生产率。生产率是对生产运作效率的度量，是指生产运营系统所产出的产品或劳务与生产运营过程中所耗费的资源之比，是衡量生产运营系统活动效果的直接标准。生产率可因投入和产出单位的变化而有多种表示形式，高生产率生产运营是和低成本竞争优势密切联系在一起的。通过采用先进的工艺技术和设备，建立高素质的职工队伍，加强生产运营过程的组织与管理等行之有效的方法，可以大幅度提高生产率，降低生产运营成本。这不仅可以直接增加企业利润，更重要的是还可以提高企业的竞争优势，使企业在和同行、用户、供应商、潜在进入者、替代产品竞争者的竞争中居于主动地位。

②响应性。响应性是衡量生产运营系统适应外部环境变化的柔性水平的指标，是指企业对市场和用户需求变化做出快速反应，并在尽可能短的交货期内按用户规定的要求完成产品设计开发、生产运作、交货的性能。评价响应性的好坏可用两种形式：a. 在同行业企业中比较响应时间的长短，响应时间可简单地理解为交货期，即从企业接到用户订单开始，直到企业完成订单交货合同的时间间隔。显然，响应时间越短，响应性越好。b. 从交货期的角度比较企业合同履约率，合同履约率越高，说明企业按期交货的能力强，响应性越好。应该说明，响应性强调了满足用户需求的指导思想，这意味着按用户要求进行定做本身也是响应性的一个有机组成部

分。定做的产品既可能是企业的老产品，也可能是在现有基础上的改进产品，还有可能是企业的全新产品，订货量既可能是单件，也可能数量很多。此外，从广义的角度讲，质量包括许多方面的内容，响应性也是其中的一个方面。这里强调响应性，并不是说可以忽视质量的其他方面。恰恰相反，响应性隐含着满足用户规定的品种、质量、数量要求等诸多限制前提，因此，这里只不过是在原来强调质量的基础上，进一步突出了目前阶段矛盾的主要方面。

从生产率和响应性的关系看，生产率更多地反映的是按照生产运作过程的运行规律合理组织生产运作过程的特性，而响应性更多地反映的是按照生产运作环境的发展变化合理调节生产运作系统与环境关系的特性。所以，响应性是生产率的前提，生产率是响应性的保证。**如果响应性不好，即如果产品不符合用户需求，则生产率再高也没有什么价值，甚至会产生负效果**。如果生产率不高，势必导致生产运作周期变长、成本升高，响应性也就不可能得到保证。因此，在生产运作管理中，在抓矛盾的主要方面的同时，还应将两者有机地结合在一起，相辅相成，获得真正突出的竞争优势。

（4）生产运营管理与竞争优势

生产运营系统的生产率和响应性水平的高低，在相当的程度上取决于生产运营管理的有效性，因此，生产运营管理对企业获得竞争优势有非常重要的作用。进一步看，如果将生产运营管理作为一系列决策的过程，这些决策就直接回答了如何识别、选择、建立和发展竞争优势的有关问题，因此，甚至可以认为生产运营管理本身就是一种有威力的竞争武器。换言之，企业的竞争优势是一系列正确决策后的必然结果。

生产运营管理决策根据问题的内容和性质可分为三个层次：第一个层次为与企业战略密切相关、影响企业未来生产经营方向的定位决策，包括决定企业应向社会和市场提供哪种产品或劳务、企业的竞争优势将会是什么、采取怎样的质量方针、是以产品集中模式还是以工艺集中模式进行资源配置等。第二个层次为针对生产运营系统的设计决策，包括决定生产运营系统的生产运作能力应该多大、采用什么样的工艺技术、购置哪种类型的设备、厂址应该选在什么地方、如何进行工厂布置等。第三个层次为与生产运营系统运行有关的运行决策，包括决定如何管理存货、挑选哪些供应商、如何进行质量控制、如何安排订单的生产运作顺序和短期产量等。

根据帮助企业获得竞争优势的目标，将上述决策有机地结合起来，可以形成具有普遍指导意义的生产运作管理框架，如图 1－3 所示。

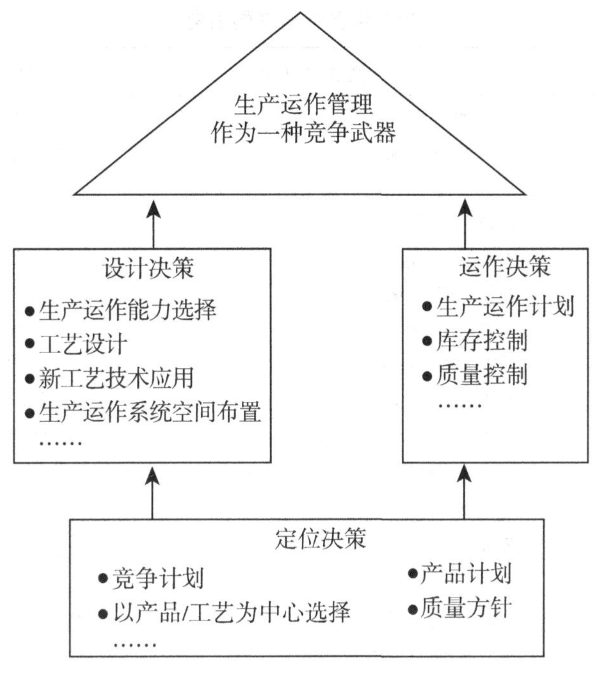

图 1－3　生产运作管理框架

例如，当一个企业选择生产顾客定做产品为方向时，其竞争优势决不应体现在成本或价格上，而应该体现在产品灵活性、产量灵活性、卓越的质量等方面，企业应该以工艺集中模式进行资源配置，突出设计质量，从灵活性角度选择工艺、设备并进行配置，提升对工人素质的要求，提高日常管理工作中的应变能力等。

四、生产运营管理的发展及其新趋势

1. 生产运营管理的发展历程

自从人类有了生产活动，就有了管理实践。在古代甚至已经有了管理建造金字塔、万里长城这类巨大工程的经验，只是终究没有上升为科学。**管理成为一门学科，是20世纪初的事情**。表1－4列出了历年以来运营管理发展的重大事件。仅对其中的主要概念作简要说明。

表1－4　　生产运营管理发展简史

○年份	概念或工具	创始人或发展者
○1776年	劳动分工	亚当·斯密
○1832年	分工和分配制度	巴贝奇
○1911年	科学管理原则	泰罗
○1911年	动作研究	吉尔布勒斯
○1913年	流水生产线	福特
○1914年	工作进度图表	甘特
○1917年	经济批量法	哈利斯
○1931年	质量控制方法	休哈特
○20世纪30年代	工人动机的霍桑实验	梅奥
○1934年	工作活动的抽样分析	蒂皮特
○1940年	解决复杂问题的运筹学方法	英研究组
○1947年	线性规划的单纯形法	但泽
○20世纪50年代后	运筹学的进一步发展（仿真、排队论、决策理论、PERT等）	美、西欧
○20世纪70年代	车间计划、库存控制、预测	美欧计算机商
	项目管理、MRP、	怀特（MRP）
	服务业的大量生产	麦当劳饭店
○20世纪80年代	JIT、TQC、工厂自动化	美、日、德
	同步制造	格劳亚特（以）
○20世纪90年代	ISO 9000、价值工程	ISO等
	并行工程、持续改进	
	企业再造	哈默、钱皮
	因特网、万维网	微软、网景、美国
	供应链管理	美国、德国

（1）科学管理

虽然运营管理自从有了人类的生产活动就已经存在，但是泰罗的科学管理学说无疑是管理学科发展史上的里程碑。泰罗管理哲学的基本观点是：

- 对一个人工作的各个组成部分进行科学研究，可以准确确定一天的工作量；

● 对工人进行科学的挑选和培养，可以正确地执行管理者的意图；

● 合理区分工人与管理部门的工作，各自承担最合适的工作，可以充分利用人力资源；

● 科学的方法可以应用于一切管理问题。

泰罗生活在一个保守的年代，当时的工厂允许工人自己选择自己的制作方法，他们凭自己的技能和经验加工产品，对劳动时间和生产成本的管理很不科学，存在着大量的资源浪费。泰罗的管理哲学从根本上动摇了旧的管理机构与方法。

（2）**管理科学**

第二次世界大战期间，在研究战争物资的合理调配中，以定量的优化方法为主要内容的运筹学得以迅速发展。第二次世界大战后，在 20 世纪 50 年代至 60 年代，这些成果被广泛地应用于工厂等领域，运营管理发展到一个新的阶段。由于有些方法在某些方面取得了极大的成功，人们对优化方法给予很大的期望。这期间人们也发现，运营管理的对象是社会经济运动，是一种十分复杂的运动形式。其行为主体是人，数学模型很难准确地描述生产系统。**又由于数学模型本身的局限性，模型的使用受到限制，有些学者感到应该界定运营管理与管理科学或运筹学的界线。**

（3）**准时生产**

准时生产（Just In Time，简称 JIT）的概念起源于日本丰田汽车公司。它是一种针对市场需求向多样化发展过程中，如何有效地组织多品种中小批量生产而创造出来的高质量、低成本，并富有柔性的新的生产方式，被认为是丰富和发展现代生产管理理论、改变世界的生产方式。它的基本思想可用现在已广为流传的一句话来概括，即“只在需要的时候，按需要的量，生产所需的产品”，这也就是 JIT 一词所要表达的本来含义。**它的核心是追求无库存，或库存达到最小，为此开发了包括“看板”在内的一系列具体方法，形成了一套独具特色的生产经营体系。**它在 21 世纪进一步地发挥着重要影响。

（4）再造工程

再造工程（Reengineering，简称 RE），又称业务流程重组，是 20 世纪 90 年代兴起的又一个管理变革浪潮。它并不提供某种定型的生产与管理模式，而是提出了一套全新的改革企业生产经营程序的思想和方法，通过“再造”使企业的绩效取得显著的改善。自 1993 年美国的哈默（M. Hammer）和钱庇（J. Champy）发表《企业再造》一书以来，不仅在美国，还在国际上引起轰动，受到企业界、经济界、学术界的极大重视。世界上已有许多企业利用再造工程来改善自己，从而赢得了市场优势。有专家预言，“‘再造’将引起一场新的管理革命”。

哈默为“再造工程”作了如下的定义：“……对组织的作业流程进行根本性的再思考和彻底性的再设计，以求在成本、质量、服务和速度等各项当今至关重要的绩效标准上取得显著性改善。”这里包含了四个关键问题。

①“根本性”。“再造”就是要对企业现有的做法提出最根本的疑问。传统的框框、约束和某些规则，往往已落后于时代，不适应当今的顾客导向。而竞争激烈、变化快速的经营环境，需要管理者对它们进行根本性的重新思考。

②“彻底性”。“再造”必须从事物的根上入手，也就是从一张白纸开始重新设计，而不是在原来业务的基础上进行修补、提高或改善。它要求管理者抛开现有结构和手续，创造全新的工作方法。

③“显著性”。“再造”是对企业运营方式做出的重大改变，而不是渐进性的改良。其目的在于取得绩效的飞跃。

④“程序”。“再造”着眼于按业务需要的自然顺序来设计“程序”，而不能着眼于现有部门、岗位的职能分工。现在的业务程序都是建立在分工管理基础上的。一般将工作分解为一个个简单的业务，分别由专门人员去完成，然而却忽视了工作的主要目标，即高效率地满足顾客要求。结果导致企业运转不灵、互相推诿扯皮的问题，拉大了与顾客之间的距离。**符合自然顺序的程序则是“对顾客产生价值的一系列活动”。一切不产生价值的活动都应予以去除。**

(5) 供应链管理

大多数生产的过程都伴随着物料流动过程。从各种原材料源到消费者的合理有效的物料流不仅能满足消费者的需求，还有利于企业利润的提高。如果我们把单个的企业视为目标系统，而将企业以外的一切事物和联系视为环境，那么企业内部就具有如图 1 -4 所示的物料流。

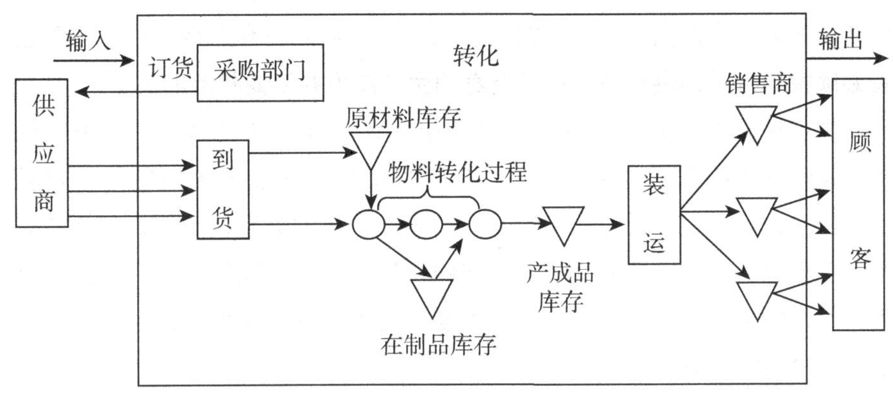

图 1 -4　企业内部的物料流

从图 1 -4 中可以看出，物料在物料流中各个阶段所处的状态是不一样的。从原材料状态到在制品状态（毛坯，零件或部件）再到成品状态，从管理者的角度来看，物料在状态间的连续转化是一个十分理想的目标。换句话说，使物料从材料到产品的整个过程一直处于加工状态是非常理想的；然而，实践中很难做到这一点，因为各种状态之间不可避免地存在着时间差。

任何企业都不是孤立地存在于社会之中的，它必定会与周围的企业发生或多或少的联系，因此，事实上每个企业的物料流不是封闭的，而是开放的。比如机床厂，其原材料主要是各种金属材料，其产品主要是各种机床。因此，对机床厂而言，从金属材料到机床之间的各个环节构成了其主要的物料流，这一物料流看起来是有头有尾的、是封闭的；然而，各种金属材料是各冶炼厂的产品，若考虑到冶炼厂的物料流，则又可追溯到各种矿石；再者，机床又是纺织、食品行业等的重要加工设备。所以，封闭的、单一的物料流基本上是不存在的，相反，各种错综复杂的物料流网络却笼罩着各行各业，每个企业的物料流都只是这个大网络中的一小部分，这就构成了企业的供应链。管理者对整个供应链的管理将极大地影响和决定一个企业的效率和竞争力。

供应链管理专业化需要考虑诸多因素，比如存货、运输成本、供应的可能性、交货期以及供应商的资金等。

供应链管理的重点之一是来源管理。来源管理是发展新的、可靠的供应商。产品也许是高科技的、定制的或只有少数供应商的特殊产品。**管理者必须找到合适的供应商，促进自身的生产能力并协商相互的关系。**

供应链管理的另一个重点是供应商管理。供应商管理应该注重长期的、高价值的或重要的供应链，未来可靠的供应对企业的成功是很重要的。例如，通用汽车公司注重发展与铂金供应商的关系，因此，它就拥有来源可靠的和价格合理的原料来生产催化转换器。发展供应商的代价是昂贵的，但如果供应链的价值或波动程度在成本中占的比例大，那么付出昂贵的代价是很必要的。

供应链与各种仓储和存货活动相结合，可以构成物料管理系统。物料管理的目的是通过企业中物料的获取、移动和存储的整合来达到高效率。当生产过程中的投入产出的运输和存储成本相当高时，物料管理就会变得非常重要。目前，许多制造公司已经成为某种形式的物料管理机构。

2. 现代生产运营管理所面临的新环境与发展趋势

（1）现代生产运营管理面临的新环境

从以英国经济学家亚当·斯密（Adam Smith）的劳动分工理论为代表的早期“放任性管理”，到以美国泰罗（F. W. Taylor）的生产作业管理为代表的“科学管理”，再到主要围绕大批生产运作模式开展的以“标准化、简单化、专业化（Standardized、Simplification、Specialization，简称‘3S’）”为内容的“最高效率、最低生产成本管理”，随着时代的变迁和生产运营系统本身及其环境的改变，生产运营管理的理论和方法有了很大发展。特别是最近二三十年来，科学技术的飞速发展和市场竞争日趋激烈，又使得企业的生产运作系统和生产运作管理面临一种革命性的挑战。

①产品更新换代加快。当代科学技术正以前所未有的速度飞速发展，其现象不妨这样直观形象地描述：假定将人类在地球上的24万年历史浓缩在一小时内发生，则人类在5分钟前由旧石器时代进入新石器时代，$3\frac{1}{2}$分钟前进入铜器时代，2分钟前到达铁器时代，5秒钟前开始第一次工业革命，$3\frac{1}{3}$秒钟前开始第二次工业革命，汽车问世以来技术发展都发生在短暂的不到1秒钟内。所以有人估计，近30年出现的新技术，已远远超过了过去2000年所出现的总和。

科学技术的快速进步，极大地促进了社会、经济的发展，改变了人们的生活消费观念，提高了人们的消费水平，加剧了市场竞争，致使工业产品的更新换代正以前所未有的规模和态势向前发展。具体表现为：一方面，新产品从构思、设计、试制到商业性投产，其周期日益缩短。统计表明，该周期19世纪时大约为70年左右，两次世界大战期间缩短为40年，第二次世界大战后到20世纪60年代中期缩短为20年，到20世纪70年代后则缩短为5～10年，现在只要花3年或更短的时间。另一方面，产品生命周期缩短。据统计，20世纪60年代机电产品生命周期超过10年者占32%，到20世纪80年代则降为15%，20世纪90年代降为11%，而生命周期在5年以下者由38%猛增至65%～70%。在日常消费品中，这种变化趋势将变得更加明显。这种环境变化意味着企业稳定生产运作某种产品的时间周期会越来越短。

②用户需求趋向多样化。今天已进入一个多样化的时代。随着社会生活水平的提高，消费者的消费观念发生了很大变化，由“量的消费”提高到“质的消费”。**在这种消费模式中，消费者除了对产品的质量、性能有很高的要求之外，特别重视产品与众不同的个性或特色。**这种新的需求模式，必然会导致产品的多样化。这种环境变化使企业的订单的产品分布呈分散化特性，每种特定产品的需求量较少、甚至只有单件需求。

③市场竞争日趋激烈。将先进的科学技术成果应用于生产运作实践，极大地提高了生产运营效率，促进了生产运营发展，从而也导致市场上供求双方关系发生了实质性的变化：供过于求，卖方市场转向买方市场，并日益得到强化。在买方市场中，生产运作的决定权不在生产运作企业，也

不在政府，而在用户。生产运作企业只有根据消费者的意愿和偏好来安排生产运作，才能生存和发展。

总之，市场环境的这些变化，要求企业生产运营更多地转向多品种、小批量生产运作，更加重视新产品开发，不断提高适应市场需求变化的速度和能力。

(2) 现代生产运营管理的发展趋势

现代生产运营管理的发展趋势主要表现在以下几个方面。

①生产运营管理学的研究范围，已从传统的制造业扩大到了非制造业。

②生产运营管理所涵盖的内容已不局限于传统的生产制造过程的运营管理，而是已经扩展到生产战略的制定，生产系统的选择、设计，以及产品的研究、开发、制造和服务的全过程。

③注重提高生产系统的柔性，以适应多品种中小批量的生产要求。**为此，企业需要采用先进的制造技术和生产组织形式、动态的计划编制方法和反应灵敏的监控系统，以提高生产系统对市场需求变化的适应能力。**

④以现代“三论”为基础，吸取当今世界最新的科学技术成就，广泛应用数学方法、电子计算机以及各种现代化管理方法。

⑤管理高度集成，生产经营一体化的发展趋势。广泛运用电子计算机集成系统，把生产运作、市场营销、财务管理等活动紧密地联系在一起，实现生产经营一体化，提高企业的整体效能。

第二章
生产运营战略

这是一个战略制胜的时代。面对竞争激烈、复杂多变的环境，企业家将更关注企业的未来命运，重视战略管理，从总体与长远的角度妥善处理错综复杂的关系和问题，以促进企业的长期稳定和发展。

——［英］大卫·埃斯

一、生产运营战略的含义与作用

1. 生产运营战略的含义和特征

为有效地实施企业战略，就生产运营管理而言，必须对生产运营系统的许多重大问题做出正确的决策。例如，为与企业战略相适应，应选择什么样的生产运营目标比较合适？应该生产和提供标准化产品还是顾客定做的特殊产品？产品线的宽度和深度多大？厂址靠近目标市场还是原材料产地？应选择多大生产运作规模及何种扩大模式？是建一个大厂还是几个小厂？采用什么样的工艺技术？选择通用还是专用性质的设备？使用的原材料是外部购买还是自己提供？建立怎样的质量标准？使用具有哪种专业知识和技能的工人？怎样进行生产运营成本和库存控制，等等。所有这些，都属于生产运营战略制定过程中应该加以认真研究和解决的问题。

(1) 企业生产运营战略的含义

所谓企业生产运营战略，是企业根据目标市场和产品特点构建其生产运营系统时所遵循的指导思想，以及在这种指导思想下的一系列决策规划、内容和程序。作为一系列决策的积累，生产运营战略是对如何开展企业生产运营活动所做的具有全局性的谋划，是用以指导企业的生产运营活动的行动纲领，形成的是关于生产运营系统如何成为企业立足于市场、获得竞争优势、追求不断发展的有力支持和保证的战略性计划。作为一系列决策的过程，生产运营战略为实现生产运营系统在企业中的有效性规定了明确的决策内容、程序、原则和模式。可见，**生产运营战略的基本任务和作用是使企业在其生产运营领域内为企业获得竞争优势**，如响应性好、生产率高等，以保证企业战略的实现。

(2) 企业运营战略的特征

企业生产运营战略具有以下基本特征。

①从属性：生产运营战略是企业战略的一个重要组成部分，必须服从企业战略的要求，特别强调要在生产运营战略框架的限制下，从生产运营

角度考虑如何有效实现企业整体目标。

②贡献性：生产运营战略的意义并不是体现在直接参与市场争夺活动方面，而是强调通过构造卓越的生产运营系统来为企业获得竞争优势做出贡献，为企业的长期稳定发展提供扎实的基础保障。

③一致性：生产运营战略不仅要和企业的整体要求相一致，还要和生产运营系统内部的构成要素协调一致，使生产运营系统的结构形式和运行机制相匹配。

④可操作性：生产运营战略作为实现企业战略的途径之一，在强调战

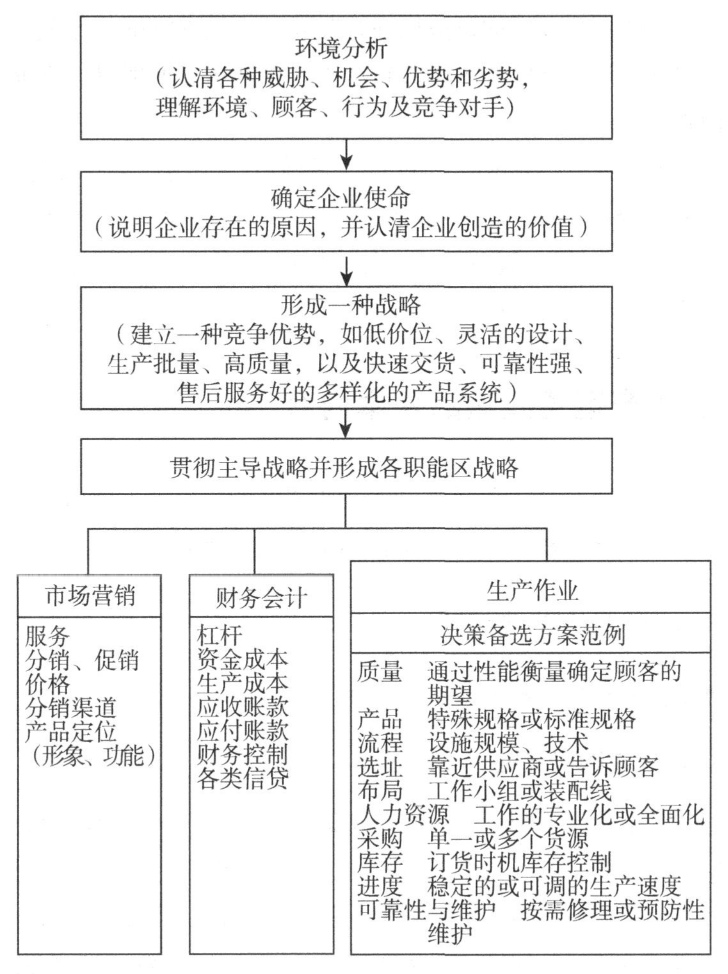

图 2－1　生产与运营战略的确立及战略准备选项

略作为一种指导思想的同时，也要注意战略实施的有关问题，即注重各个决策之间的目标分解、传递和转化过程，以形成各级人员的共识和参与，指导进行方向一致的具体决策和生产运作行为。

2. 生产运营战略的重要作用

在企业使命和战略的决策中，许多资源都在生产运营管理范围之内。图 2 – 1 给出了一般企业的各种战略性备选的内容概要。

从图 2 – 1 中可见，对资源的最佳利用，不只是对市场营销和财务的有效管理，密集的广告和新的财务杠杆方案并不能使更好的产品及时地交付给顾客，只有生产运营职能才能做到这些。**生产运营职能是建立竞争优势的关键因素。**

美国大卫·艾克（David Acker）教授曾研究了构成竞争优势的 32 种要素，其中有 28% 归结于生产运营。这个研究印证了生产运营战略在支持竞争性战略上的重要作用，从中可以清楚地看到，在确定企业战略时，生产运营战略扮演着主要角色。

二、生产运营战略的基本内容

企业生产运营战略主要包括 3 个方面的内容：生产运营的总体战略，产品的选择、设计与开发，生产运营系统的设计和维护。

1. 生产运营的总体战略

生产运营的总体战略包括 3 种常用的生产运营战略。

（1）自制或购买战略

产品、零部件是自制还是购买，是每一个企业在制定战略时都必须回答的问题。如果从企业战略的角度看，这实际上涉及企业的纵向一体化政策。企业开发新产品，建立或改进生产系统之前，都需要做出自制或购买的决策。自制或购买决策有不同的层次。如何作产品级决策，会影响到企业的性质。产品自制，则需要建一个制造厂，需要建造相应的设施，采购所需要的设备，配备相应的工人、技术人员和管理人员；产品外购，只需要成立一个经销公司，就可以为消费者提供相应的服务。如果只在产品装配阶段自制，则只需要建造一个总装配厂，然后寻找零部件供应厂家即可。

（2）生产方式的选择战略

近十几年来，科学技术尤其是信息技术飞速发展，消费者消费观念日趋个性化，全球性的市场竞争越来越激烈，制造业的生产方式面临着巨大的变革。这就要求企业在做出自制或购买决策之后，从战略的高度对生产方式做出选择。可供制造企业选择的生产方式主要有以下几种。

①大量生产方式。第一次世界大战之后，美国福特汽车公司首创大量流水生产方式，并成为20世纪最具代表性的生产方式。这种生产方式的特点是：大量采用专用设备生产标准化的产品，依靠批量产品的扩大来降低成本，并通过重复性和互换性保证质量和良好的维修性。然而这种生产方式的致命缺陷是适应性差、产品更新困难。所以，这种生产方式应当用于需求量很大的产品或服务。**只要市场需求量大，采用低成本和高产量的策略就可以战胜竞争对手取得成功，尤其在居民消费水平还不高的国家或地区，更能体现该方式的优越性。**

②准时生产制。第二次世界大战之后，日本丰田汽车公司在总结了大量生产方式和市场特点后，创立了以多品种中小批量生产为主要特点的准时生产方式。这种生产方式是尽量采用通用性强的设备，依靠多技能的工人，生产多品种中小批量的产品，以提高企业适应市场变化的能力，更好地满足消费者的需求。应该说，对于顾客化的产品，只能采取多品种中小批量生产方式。当今世界消费多样化、个性化，企业只有采用这种方式才能立于不败之地。但是多品种中小批量生产的效率难以提高，如果生产大众化的产品就不应采取这种方式。

③计算机集成制造。20世纪70年代以来，随着社会经济的发展和科技的进步，人们对产品的质量、品种和成本的要求越来越高，产品的生命周期越来越短，企业的技术、产品更新压力越来越大。能否及时推出多品种、高质量、低成本的产品已成为决定企业命运成败的关键。因此，对生产方式的灵活性提出了更高的要求。而计算机技术在制造领域的广泛应

用，为提高生产系统的反应速度提供了可能。计算机集成制造就是把产品的设计、制造、装配和检测等所有生产环节和部门集成起来，使生产系统成为一个有机整体，从而能对市场变化做出更快的反应。

④批量客户化生产。随着市场竞争的日益激烈，消费者越来越需要既能满足其个性化需求，同时价格又低廉的产品。在这种需求的引导下，一种新的生产方式——批量客户化生产方式应运而生。这种生产方式是指既具有大量生产的高效率、低成本，又能像单件小批生产方式那样满足个性需求的生产方式。现在许多著名的大公司，如惠普公司、丰田公司、摩托罗拉公司等，都在采用这种方式实行批量客户化生产。据有关资料统计，目前美国和欧洲已有70%以上的大企业在按这种方式重新经营和规划其生产系统。

⑤敏捷制造。敏捷制造是1988年美国通用汽车公司和里海大学共同研究提出的一种全新的制造业生产方式。

在选择了生产方式之后，生产运营战略必须要确定生产运营重点，即必须明确的竞争重点。根据哈佛商学院耐克汉姆·斯金纳的早期研究和伦敦商学院泰瑞·黑尔的最新研究成果，基本的竞争重点包括成本，产品质量和可靠性、交货速度，交货可靠性，对需求的应变能力，柔性和新产品的开发速度以及其他与特定产品有关的标准等7个方面的内容。

- 成本。在每个产品市场中，通常都存在着严格遵循低成本原则的细分市场。为了在市场上取得竞争优势，企业必须以低成本进行生产。

- 产品质量和可靠性。质量分为三类：产品质量、过程质量和工作质量。

- 交货速度。当今市场竞争越来越激烈，企业交货的速度是竞争的重要条件。譬如说，某企业为计算机网络设备提供维修服务，那么能够花1~2小时内提供现场维修服务的企业显然要比在24小时内保证维修服务的企业具有明显的竞争优势。

- 交货可靠性。这是指企业在承诺交货期当日或之前的产品或服务的提供能力。由于为降低成本而减少库存的做法，企业越来越重视交货的可靠性，并以此作为标准来评价和选择供应商。

- 对需求变化的应变能力。在许多市场上，企业对需求增减变化的反应能力是竞争能力高低的重要因素之一，追求如何长期高效地响应动态市场需求的能力，应是运营战略要解决的基本问题。

- 柔性和新产品开发速度。从战略意义上讲，柔性指的是企业为顾客提供多种类型产品的能力，决定这种能力的一个重要因素是企业开发新产品所需的时间以及建立可生产新产品的工艺流程所需的时间，并行工程则较好地解决了这一难题。
- 其他与特定产品有关的标准。这是指特定产品或特定情况下的重点内容。主要是指技术联系与支持、密切的合作、供应商售后服务等。

除此以外，其他典型的重点内容还有：颜色、尺寸、重量、装配线布局、产品市场化情况以及产品组合方案等。

随着社会经济的发展和竞争的加剧，**生产运营战略的重点是随着时间的推移而变化的，必须到市场上去发现竞争重点的变化并采取相应的战略去实现这些重点**。比如，波士顿大学的一个研究小组跟踪研究了过去大约10年间212家美国制造企业的竞争重点的变化情况。该研究被称作制造业未来趋势调查。研究结果表明，随着制造企业业绩的不断提高，对竞争力的要求也随之提升。

2. 产品的选择、开发与设计

企业进行生产运作，先要确定向市场提供什么样的产品，这就是产品选择或决策问题。产品确定之后，就要对产品进行设计，确定其功能、型号、规格和结构，在此基础上选择制造产品工艺、设计工艺规程。

（1）产品的选择

提供何种产品是来自于各种设想。在对各种设想进行论证的基础上，确定本企业要提供的产品，是一个十分重要而又困难的决策。在一般情况下，产品的设想或开发方案，其数量要比企业最后实际投入生产的要多得多。据统计，关于新产品项目的建议方案或设想，每60个新方案中只有8个左右可通过初审，真正投入生产投放市场的只有一个。**产品的选择可以决定一个企业的兴衰。这个观点已被无数事实所证明，所以，产品的选择问题既重要又困难。**

在进行产品选择时，需要从以下几个方面考虑。

①市场条件。市场条件主要指市场需求情况，企业开拓市场的能力，企业在市场中的地位及竞争能力等主客观条件。

②企业内部的生产运营条件。企业内部的生产运营条件主要是指企业的技术、设备水平，新产品的技术、工艺可行性，所需原材料和外协件的供应等条件。

③财务条件。财务条件主要是指新产品开发和生产所需要的投资、预期收益，风险程度的大小，产品的生命周期等条件。

④企业内部各部门工作目标上的差别。这是指企业内各职能部门由于工作目标不同，在产品选择上会发生分歧。比如，生产部门追求高效率、低成本、高质量和生产的均衡性，希望品种数少一些；销售部门追求市场占有率、对市场需求的响应速度和按用户要求提供产品，希望扩大产品系列，不断改进老产品和开发新产品；财务部门追求最大的利润，要求加快资金流动，希望只销售立即能得到利润的产品、销售利润大的产品，不制造不赚钱的产品。职能部门工作目标上的差异，往往会造成产品决策的困难。销售部门要求创新、发展，愿冒风险，要求保持广而全的多种产品的生产线，财务部门往往要求生产销售利润大的产品，生产部门则要求尽可能生产成熟产品。所以它们之间的矛盾，只有通过高级管理层协调解决。此外，在产品决策时，管理者还要考虑社会效益、对环境的影响等因素。

显然，在进行产品决策时需要考虑的因素很多。如何在这众多因素中，理清关系、权衡轻重缓急呢？我们可以采用分级加权法来解决这一问题。

分级加权法的应用过程是：首先列举进行产品决策时应该考虑的重要因素，按其重要程度分别给予权重。每一因素再分成几级，分别打分，其分值和权重值相乘得出该因素的积分，最后将全部因素的积分加起来则得出一个方案的总分。**在对所有方案都进行打分后，可通过每个方案得分的高低来评价其好坏**。如表 2－1 所示。

表 2－1　　分级加权法

主要考虑因素	(A)权重	(B) 分级					(A)×(B)
		很好	好	一般	差	较差	
销售 竞争能力 投资 预期收益 技术（先进性成功、概率等） 材料（供应质量、及时性等） 附加价值 与主营业务的相似性 对现有产品的影响 专利保护							
总计	(1) 00						

上表所列的主要考虑因素仅是一个示例。不同的企业，在不同的情况下，对主要考虑因素可能会有不同的选择。同理，对于权重的考虑，根据企业实际情况的不同，或者经营战略的不同，取值也应该不同。

(2) 产品的开发与设计

加强研究开发，不断推出新产品和新技术，是保障企业生存和发展的重要条件。现代科学技术突飞猛进，研究开发职能的地位更加突出。**在产品开发与设计方面，按发展方向的不同，可将战略分为以下四类。**

①做技术领先者还是技术追随者。企业在设计产品或服务时是做新技术的领导者还是做跟随者，是两种不同的选择。做领先者就需要不断创新、风险大，但可以在竞争中始终处于领先地位。技术追随者只要努力学习和模仿，也能取得成绩。

波特教授将研究开发战略同企业竞争战略联系起来。他指出：技术领先者和技术追随者，在获取成本领先优势或差别化优势方面各有特点。技术领先者是易于获得竞争优势的，但技术追随者也可以获得优势。如表 2－2所示。

表2-2　　研究开发战略与竞争优势

竞争优势	技术领先者	技术追随者
成本领先	优先设计出成本最低的产品 优先获得学习曲线效益 创造出完成价值链活动的低成本方式	通过学习技术领先者的经验，来降低产品成本和价值链活动的费用 通过仿造来减少研究开发费用
差别化	优先生产出能增加买方价值的独特产品 在其他活动中创新以增加买方价值	通过学习技术领先者的经验，使产品或交货系统更紧密地适应买方的需要

②自主开发还是联合开发。自主开发是企业根据市场需要，依靠自己的技术力量，进行基础理论及相关应用研究，从而开发出新产品的行为。联合开发是企业与合作伙伴或其他机构联合进行新技术、新产品的开发活动。需要指出的是，在当今全球化激烈竞争的买方市场条件下，联合开发不失为一条建立竞争双方共赢关系的捷径。特别是对于一些复杂的产品或技术，这种方法更为适用。现在已有多国联合开发航天航空器的事例，同时，联合开发也是充分利用社会资源、提高开发速度的良好途径。

③花钱买技术或专利还是自主研发。“自制或是外购”的决策同样可运用于研究开发战略。有条件独立进行研究开发固然很好，外购或引进他人的先进技术，借助他人的研究开发力量，也不失为一个好办法，还可借此促进自身技术实力的提升。但在购买或引进之后，要注意消化、吸收和创新，形成自己的特色。

④做基础研究还是应用研究。基础研究是对某个领域或某种现象进行研究，但不能保证新的知识一定可以得到应用。基础研究成果转化为产品的时间较长、投资比较大，而且能否转化为产品的风险很大。但是，一旦基础研究的成果可以得到应用，对企业的发展将起很大的推动作用。应用研究是根据市场需求选择一个潜在的应用领域，有针对性地进行的研究活动。应用研究实用性强，容易转化为现实的生产力。但应用研究一般都需要基础理论的指导。

企业选用何种研究开发战略，取决于企业的规模、技术实力、产业环

境和竞争对手的状况。

3. 生产运营系统的设计

生产运营系统的设计对生产运营系统的运行有先天性的影响，它是企业战略决策的一个重要内容，也是实施企业战略的重要步骤，生产运营系统的设计主要包括选址、设施布置、工作设计、考核与报酬4 方面的内容。

（1）选址

选址就是指将生产运营的设施、设备等物质实体设置在什么地方的问题。选址对企业的运行效率和效果都有先天性的影响，其重要性不言而喻。一旦选择不当，它所带来的不良后果不是通过建成后的改善措施就能弥补的。而且，在选址位置确定以后，随着社会经济的发展及扩大生产能力的需要，企业也会面临着迁址和重新选址的问题。因此，**选址是现代企业生产运营系统设计中需要解决的首要问题。**

（2）设施布置

设施布置是在选址之后进行的，其目的是把企业内的各种设施、设备进行合理的安排，确定组成生产系统的各个部分的平面和立体位置，并确定物料流程和运输路线等活动安排。设施布置对生产运营的效率有很大影响。设施布置不当，会造成运输路程长、运转路线迂回曲折等问题。不仅浪费了人力、物力资源，还延长了生产周期。

设施布置是随着生产类型的不同而采用不同的布置方式。对大量大批生产，一般采用流水线布置（按对象原则）；对多品种小批量生产，一般采用按功能布置（按工艺原则），即将完成相同功能的机器设备布置在一起的方式。功能布置能适应多种产品的生产，生产系统有较高的柔性，但物料运送的路线长。此外还有固定布置和生产单元布置。固定布置，即把原材料、零部件和人员集中到一个特定的地点，被加工的劳动对象固定在一定的位置上不动，设备和工具按需要配置，使用过的设备和工具随时拿走的布置方式。造船厂就是采用固定位置布置。生产单元布置，把不同的设备集中到一起，进行有限范围内的产品生产。在生产单元布置中，机器设备不动，工件的移动范围也很有限。

(3) 工作设计

在生产运营系统中，机器设备及技术的发挥、生产运营系统运行的状况最终取决于操纵、控制该系统的人及取决于人对工作的态度和工作方式。而工作设计就是要设计工作结构，制定与同事、顾客之间的联系，并对与工作有关的活动规则做出正式和非正式的说明的活动。工作设计有不同的指导思想和方案，会产生不同的效果。比如，流水生产线上的工作设计指导思想是分工理论，通过细致分工，提高工作效率，从而提高生产系统的产出。但这种方式使工作单调乏味。而团队工作方式则可以使工作丰富化，提高员工的工作兴趣和责任感，但在一定程度上牺牲了效率。

在工作设计中需要特别注重的一个问题，那就是要正确处理人机分工。工作设计要使机器和工作环境适合人的能力和需要，而不是与之相悖。

(4) 考核和报酬

对人的工作业绩要进行考核，并将考核结果与报酬挂钩。这是大家已达成共识的问题。只有通过业绩考核才能激励员工努力工作，不断改进工作方法，发挥创造力，提高工作效率。报酬涉及薪水的数量和发放办法。通常有两种计酬的办法：计时付薪和按贡献付薪。计时付薪适用于难以量化的工作。按贡献付薪包括计件和承包等方法，适用于能够量化的工作。报酬系统的选择和设计对于发挥最重要的资源的潜力有十分重要的影响。

三、生产运营战略的制定

1. 企业生产运营战略制定的影响因素

(1) 企业的外部环境

企业外部环境分析主要有以下几点。

①国内外宏观经济环境和产业政策。它将影响生产运营战略中的产品决策和生产组织方式等的选择。

②企业所在或准备进入的行业的概况。**行业是对企业影响最直接、作用最大的外部环境**。行业所处的发展阶段、行业在社会经济中的地位和作用以及行业结构（即竞争力量）等将直接影响生产运营战略的战略目标和战略方案的制定。

③市场需求及其变化。初看起来，这个因素似乎与总体战略和营销战略更为密切，但实际上它也直接影响着生产运营战略的制定。譬如，一个高分子材料企业的总体战略是向新材料进军，是生产聚合物（高分子）材料（如高性能碳纤维塑料），还是生产高性能金属基复合材料？这就直接需要考虑到市场的需求和变化，以便及时考虑转产、新产品开发、生产能力的扩张、生产组织形式及设施和设备的调整等战略性问题。

④技术进步。技术进步从两个方面影响企业的生产与运营：一方面是对现有产品取舍、生产方法、生产工艺、组织形式产生的影响，另一方面是对新产品和新服务开发带来的影响。

⑤供应市场。供应市场包括人力、物力、资金和技术等资源要素的供应。这些资源的质量、价格、供货期和供应数量等因素将直接影响着企业产品的质量、产量、成本和交货期。

⑥竞争者。竞争者是与本企业争夺产品市场和资源市场的对手，竞争者的产品品种、数量、成本、交货速度等因素将直接影响着企业生产运营战略。

（2）企业的内部环境

企业的内部环境因素主要有以下两点。

①企业各部门的职能战略。企业各部门职能战略虽然都是在企业总体战略的统率下制定的，但是由于各自强调的重点不同，不仅对生产运营战略的制定有影响，还可能造成影响的作用方向的不一致。例如，营销部门从市场需求的多样化角度出发，希望采用多品种、小批量的生产。而生产运营部门希望生产量大、少变化，以提高劳动生产率，降低生产成本。又如，生产运营部门为了保持生产连续性，希望保持一定数量的物资储备。而财务部门为了保证资金周转，希望减少库存，甚至实现“零库存”。因此，生产运营战略不仅受企业总体战略的制约，还受其他职能战略的制约。这就需要企业各部门权衡利弊，最大限度地保障企业战略的实现。

②企业能力。企业能力包括生产运营、市场营销、研究开发、财务、供应等职能能力和综合协调的全面管理能力等。这些决定了企业的战略优势和劣势。**因此，在制定生产运营战略时，应从企业能力的实际出发**。例如，当市场对某种产品的需求增大，而且这种需求将会持续较长一段时间时，至于是否应该继续经营这种产品，就不得不考虑企业的生产能力和技术能力等问题。

2. 企业生产运营战略的制定过程

企业生产运营战略的制定过程可以说明如下。

①按市场增长、产品战略和竞争环境来明确企业应确定的目标。

例如，是以增加市场份额为目标，还是以保持现有的市场占有率为目标？企业应面向产品创新，还是保持较稳定的产品系列等问题。

②通过对关键产品、市场和制造特征的分析，确定战略制造单位，以便分出相似的产品组。

③根据关键的市场成功因素，制定企业的战略使命。

④制定出有关技术、纵向一体化和作业控制政策的指导方针，以支持战略制造单位。

⑤通过界定现有的资源、所应用的工艺技术以及管理组织与管理的理念，以确定现有的生产基础。

⑥确定衡量内外绩效的指标，如生产能力、资源利用率、运作成本、获利能力、产出量、生产率、质量、信用度和适应性等指标。

⑦对生产基础与战略使命做出比较，以找到差距和确定改进的方案。

⑧对每个方案的成本、收益、风险以及它们对长期竞争优势的影响进行评估，最后制定出一个综合的战略。

3. 企业生产运营战略的实施

对生产运营战略实施的管理基本上与管理其他工程项目一样，都需要制定行动计划，分派决策责任并建立协调和控制机制，以保证工作的顺利执行。有一种很有用的工具适合于划分战略实施的责任分工，即线形责任图表。表 2－3 是该种图表的一个示例，它是由某家电产品生产企业制造部门制定的，用来作为实施“准时生产制”的基础。图表中所用代号的含义如下：

Z 为决策权，C 为有咨询权，I 为受通知方。

表 2-3　　线性责任表

工程活动	制造部门	生产控制	质量控制	工业工程	计算中心	制造工程	设计工程	销售部门	培训	采购部门	成本会计	设备维修
车间组织	Z	C		C				I		I		
设备布置	C	C		Z	C			I				
平滑作业计划	C	Z				C		C		C	I	
在制品计划	C	Z			I				I	I		
维修计划	Z											C
供应商质量			Z				C			C		
供应商交货	C	Z								I	I	
拉式系统设计	Z	C	I	C	I	C	I			I	I	I
物料搬运	C	Z	C	C		C						
MRP 接口	C	Z			C					I		
设备试验	Z						C					
接受部门	C	Z								I		
成本核算		Z			C						C	
工长培训	C								Z			
工人培训	C	C							Z			

在明确了各自的责任之后，就可以应用工程项目的计划方法如“关键路线法（CPM）”来制定出执行计划了。

在实行像生产战略这样的大的变革时，必须得到全体员工的支持，下面的一些指导方针对战略实施将是很有用的。

- 交流有关变革的理念和步骤，明确规定员工在变革中的作用；
- 若有可能，将现存的非正式关系减少到最低限度；
- 预先提供有关变革的信息；
- 鼓励员工参与变革；
- 在变革中，力图不减少员工的收入；
- 尽量为员工提供提出与变革有关的建议的机会。

第三章
生产运营系统的空间设计

选址建厂及设施布置是一项巨大的永久性投资，一旦空间布局完成，如发现布局错误，则为时已晚，难以补救。一个成功的企业家在空间设计中必须谨慎对待，切忌盲目决策。

——［日］大江雄一

一、厂址选址决策

1. 厂址选址的重要性

新企业的成立、企业生产能力的扩大（如建新厂）、企业外部条件的变化（如生产资源的成本或数量相对变动、市场需求的数量或结构或价格相对变动）、社会制度或经济政策的变动（如税收、价格、资源使用等政策的改变）等情况都可能使企业面临着厂址选择的问题。**企业领导者要善于不失时机地抓住这些获利或继续获利的机会，这对企业的长期发展关系重大。**

（1）厂址选择是关于成本和收益的最重要的决策之一

厂址的选择综合反映了影响企业固定、变动成本，以及收益的多种重要因素，如土地价格、建筑费用、原材料费用、人力费用、运输费用、劳动生产率、销售条件、税收水平等自然、政治经济和社会文化因素等。选址是否合适将直接影响到工厂设计质量的好坏、建设速度的快慢、投资费用的高低，以及未来的经营费用的高低、销售收入的高低、工厂发展好坏、劳动条件优劣、生活水平的高低等，而不同的选择一般可使生产和分配总成本产生10%左右的变动，也即通过最优选址至少可使生产总成本降低约10%。

（2）厂址选择是一项长期性的决策

厂址一旦选定，许多因素及其相应的费用和收益就在某个相应的水平上固定下来而长期难以改变，这对企业或工厂的长期生存和发展影响重大。好则繁荣昌盛，顺利发展，坏则债务累累，困境难脱。

（3）厂址选择也是一项整体性的决策

尤其是新增工厂的厂址选择，不仅对自身的生产经营效果产生影响，还将对整个企业的生产经营活动的效果产生影响。这是因为整个企业的各厂在采购、生产、销售等方面都有着相互联系和影响，每一个新厂的建立都意味着整个企业生产经营活动的一次重新分布。

2. 影响厂址选址的因素

对于影响厂址选址的因素，可根据它们与成本的关系进行分类。与成本有直接关系的因素，称为成本因素，可以用货币单位来表示各可行位置的实际成本值。与成本无直接关系，但能间接影响产品成本和未来企业发展的因素称为非成本因素。常用的几种成本和非成本因素见表3－1。

就不同行业、不同企业而言，各种选址影响因素的权重是不同的。下面针对几种主要的成本因素和非成本因素进行说明。

表3－1　厂址选址时应考虑的因素

成本因素	非成本因素
(1) 运输成本	(1) 社区情况
(2) 原料供应	(2) 气候和地理环境
(3) 动力和能源的供应量和成本	(3) 环境保护
(4) 水的供应	(4) 当地政府政策
(5) 劳动力成本	(5) 政治稳定性
(6) 建筑成本和土地成本	(6) 文化习俗
(7) 税率、保险和利率	(7) 扩展机会
(8) 财务供应：资本及贷款的机会	(8) 当地竞争者
(9) 各类服务和保养费用	(9) 公众对工商业的态度
……	……

(1) 主要的成本因素

①运输成本。对于大多数制造业工厂和从事分配的企业来说，运输成本在总成本中占有较大的比重。运输距离的远近、运输环节的多少、运输手段的不同，均对运输成本构成直接的影响。因此，通过合理选址，使运输距离最短、运输环节中装卸次数最少，尽量使得厂址靠近码头、公路、铁路等交通设施，可以使运输成本最低、服务最好。

②原料供应。某些行业对原料的量和质均有严格的要求，这类部门长期以来主要分布在原料地附近，以降低运费，减少时间成本，得到较低的采购价格。但是目前工业对原料地的依赖性呈缩小趋势，其主要原因包括技术进步导致单位产品原料消耗的下降，原料精选导致单位产品原料用

量、运费的减少，工业专业化的发展导致加工工业向成品消费地转移，运输条件的改善导致单位产品运费的降低等。**尽管如此，采掘业、原料用量大或原料可运性小的加工工业仍以厂址接近原料产地为佳。**

③动力、能源的供应量和成本。对于火力发电厂、有色金属冶炼、石油化工等行业来说，动力能源的消耗在生产成本中的比重可占到35%～60%。动力、能源的供应对于重型机器制造、水泥、玻璃、造纸等行业的影响也是举足轻重的。对于这一类企业来说，对动力、能源因素的考虑将占据重要地位。

④水的供应。不同企业对于生产用水的质量和数量要求是不一样的。中国传统酿酒工业对于水质的要求与矿泉水生产一样，到了几乎苛刻的地步；而钢铁工业、电厂、造纸厂则必须靠近江河水库，一般的城市供水是无法满足其水量要求的。

⑤劳动力成本。不同的产品和生产方法，所要求的劳动力数量和质量是有区别的：技术密集型工业如仪器仪表生产、集成电路生产和电脑生产等对劳动力的质量有较高的要求，而劳动密集型工业如纺织业、服装工业等对劳动力的数量有较大的需求。许多国家劳动力资源的分布是很不平衡的，这种不平衡既表现在数量方面（有些地区供应有余，有些地区严重不足），也表现在质量方面（有些地区熟练劳动力较多，有些则很缺乏）。因此，设施选址时劳动力的供应状况也是一个重要的条件。

另一方面，不同地区劳动力工资的水平是不一致的，但是工资水平本身并不是重要的参数，在这里起决定作用的是劳动力成本。低工资水平或许是一种诱惑，但是若低工资水平与低劳动生产率像孪生兄弟一样联系在一起，则有可能抵消低工资水平所带来的收益。同样，劳动力供应的短缺，也可能导致工资标准今后上升到超出地区调查时的标准。

⑥建筑成本和土地成本。不同的设施选址方案，在土地的征用、赔偿、拆迁、平整上所花费的费用是不同的。一般来说，应尽可能避免占用农业用地，而尽量选取不适于耕作的土地作为工业设施的用地。同样，不同方案的建筑成本往往也不相同，高建筑成本将导致未来产品成本中固定成本部分加大，将不利于竞争。

(2) 主要的非成本因素

①社区情况。服务行业的地点往往接近于顾客。对于一家百货商店或是一家冷饮店来说，位于客流量大的繁华商业区也许就是成功的先兆；而一家位于人口密度大的居民区的理发店，就有可能获得稳定的销售额；主要公路上的汽车流量将直接影响到路旁加油站的业务量的大小。对于服务性行业来说，周围环境的客流量、购买力水平、人口密度等因素，将直接影响到设施选址问题。就制造行业而言，周围的文化娱乐设施、公用设施条件，以及服务网点状况、住房及教育情况将直接影响到职工的生活条件，偏僻的山郊荒野难以吸引人员前来工作。企业为弥补生活娱乐设施缺乏所带来职工生活的不便，将不得不在这方面进行额外投资。

②气候和地理环境。有些行业受到地理环境要求的限制，造船厂应位于海边，以便造好的船只从船坞直接下水。一般制造厂要求土地表面平坦，易于平整施工，如选择稍有坡度的地方，则可利用斜面，便于搬运和建造排水系统。在地震断裂层地带、下沉性地带、地下有稀泥或流沙以及在可开采的矿床（采掘业且当别论）或已开采过的矿坑上和有地下工程的区域应慎重选址。土壤结构应该能够承担工厂的全部载重。

气温对于产品和作业人员均会产生影响，气温过冷或过热都将增加气温调节的费用。潮湿多雨的地区不适合棉纺、木器、纸张的加工。

③环境保护。生产系统的产出包括产品也包括废物。环境保护问题日益受到人类重视，近年的博帕尔毒气泄露事件和切尔诺贝利核电站事故使人类得到血的教训。生产系统直接形成的污染包括空气污染、水污染、噪音污染、恶臭污染、放射污染以及固体废物污染等。各国和各地区纷纷制定了保护当地居民区及生态环境的各种环境保护的法律法规。各种民间组织也活动频繁。同时，受污染危害的工人也对企业构成极大的压力。因此，**在设施选址过程中应充分考虑到环境保护的因素，以便于进行污染处理。**

④当地政府的政策。有些地区采取鼓励在当地投资建厂的政策，在当地划出工业区及各种经济开发区，低价出租或出售土地、厂房、仓库，并在税收、资本等方面提供优惠政策，同时这些地区的基础设施情况往往很好，交通、通讯、能源、用水均很便利。**专门的工业区如高技术产业开发区、服装纺织工业区，这些工业区有利于行业信息的迅速传播，相互刺激发展。**

3. 厂址选址的一般步骤

厂址选择是一项影响深远、事关全局、具有很大风险性的决策。因此，需要进行大量细致而谨慎的工作。其步骤一般经过三个阶段。

(1) 准备阶段

①根据计划任务书，确立企业规模和生产协作的范围及原则。

②根据相似企业的资料和相应的指标，确定主要车间的面积和外形尺寸，编制总平面草图。这一步骤通常要准备三个方案进行比较，以供选择。

③根据工厂的生产纲领及扩建规划，拟定工厂的运输量以及用电、用水、煤气、氧气、蒸气及乙炔等能源和资源的需用量。

④根据企业规模及设计能力，概略地确定各类人员的数量及劳动力的来源。

⑤收集利用该地区现有的资料，包括地形、地质、水源、气候、能源、交通运输以及政治、经济和文化状况等方面。

(2) 现场调查

由选厂工作组到现场调查研究在该地区建厂的可能性和合理性，了解和解决与建厂相关的问题，进行初步勘察。

①从当地城市建设部门取得厂区所在地的地形图和城市规划图，听取有关部门介绍当地情况和对建厂的意见。

②根据地形和所在地城市规划图，制作若干个工厂区位置的方案，初步确定工厂的生产区域、废料场、住宅区的位置，了解连接铁路专用线的可能性，并要考虑与有关企业协作的各种条件。

③根据初步勘察工厂区的地质条件，对适合作为厂址的地区，需作进一步的实地勘察工作。具体的实地勘察应包括下面几点：

- 厂区的土壤条件、地形起伏状况，附近水井、河道水位变化情况及水位高度，厂区有否被洪水淹没的可能性及可能淹没的程度。
- 厂区现有的房屋、田地、坟墓、灌溉、渠道、高压线及文物古迹等情况。

● 水、电、动力的来源，进厂路线，厂外工程量的规模等。

● 铁路专用线接轨点的位置、长度及沿线的地形，废料场位置及连接铁路的可能性。

● 气象、地质、地震、铁路运输、公路运输、水道运输以及建筑材料单价和劳动力价格等经济资料。

(3) **方案评价**

为了提供最经济合理的厂址方案，要根据企业的主要要求，对选厂方案作出技术经济分析和比较。在比较时，对众多影响因素，应做出具体分析，要抓住若干主要因素，并对其优缺点进行比较分析。**一个良好的方案往往不可能各项因素都十全十美，但要求在决定性因素上超过其他方案，这就是相对的最合理的方案**。在评价可择的方案时，有以下一些方法可供参考。

①成本比较法：比较工厂建设所投资的全部成本费用。

②区间评价法：计算平均单位面积的费用是多少，每一个使用面积的费用或利润是多少，并与其发挥的机能相比较。

③要素比较法：列举评价要素，编制各种项目，按照重要程度，分别规定加权值，然后对于评价对象采用评分法来评价。加权值和评分值之积取最大者为好。

④序列评定法：在三个以上方案比较时，经常使用序列评定法。按评价要素记上各方案的顺序，选择其合计值为最小的方案。

⑤优缺点法：编写各方案的优缺点一览表，按照优缺点影响的大小，在优点上划上“＋”，在缺点上划上“－”的评价分。选取时以评价分最大的方案为最好。

二、设施布置决策

1. 影响设施布置的因素

布置决策问题，可以定义为确定生产系统内各物质部分所做出的最优安排。这里用“部分”这个术语而不用“机器”一语，是为了强调这样一个事实，诸如陈列架、消耗品的料箱、灯具和桌子经常是出于作为布置决策的一部分来考虑的。**解决设施布置问题，主要是取决于生产系统目标。**它们本身经常难以捉摸或互相矛盾。

（1）预期产量

通常，我们可以这样要求布置应达到的目标：使存贮费用、劳动力、闲置的设备和管理费用保持在一定的水平下，以达到预期的产量。我们研究每一基本的布置类型时，将发现这些因素的大部分是存在于所有布置决策中，但它们的相对重要性却完全不一致。例如，即使所有的医院均有医生、护士和病床，但不是所有都能设计成可提供相同服务的医院。再有，门诊所不同于疗养院，病人的流动模式不同，监护的范围不同，需要考虑设或不设特别护理设施等。

（2）生产需求量预测

其次，生产需求量的预测对布置决策的“目标确定”有着重要意义。在这方面，我们关心的是当前的与未来的需求量水平以及当前的与未来的产品品种搭配。如果我们预见到现有型号的产品有一个相当稳定的市场，这种产品与那种有显著的技术变化、市场相当不稳定或产品品种搭配有变动的产品相比，在布置策略上将有明显不同。当然，这种区别与我们的目标是有联系的。在很多工业部门中，公司可以选择不同的策略。例如，可以组织品种多变的多品种进行生产，也可以是为用户的特殊需要单独安排生产等。

（3）加工过程的要求

加工过程的要求，是布置决策的第三个重要的依据。它是所选择的布置类型的主要约束条件。决定布置所需的数据因所制造产品的不同而不同。在品种少且比较固定的制造业（如家具工厂）中，装配图是主要的输入。在品种繁多的制造业系统中（如常见的单件小批生产车间），机器规格说明有更重要的意义。**要归纳出在非制造业设施中的过程数据的总数和种类是困难的，因为这里有大量不同的转化过程。**例如，商业性的洗衣房布置需要主要的过程数据，如过程图、流程图和设备性能说明书等，而一个百货商店布置规划人员则很少需要这方面的信息。

（4）有效空间总数

布置决策需要的第四种主要依据是要进行布置的建筑物或场地的有效空间总数。典型地说，布置一般是约束在建筑物的实际范围以内的（虽然也有例外）。为了确定工厂的料场、路旁餐厅和百货店的草坪与花园商店，布置决策时应包括内部与外部两者所需的空间。另一方面，公路、油库和墓地则是在整个结构的外部。但是它们本身有明显的空间限制，用作界限的是地图的形式，而不是墙与天花板。

2. 设施布置的类型

有三种基本的布置类型：面向产品、面向工艺、固定位置的布置。面向产品布置对连续和重复生产作业过程有利，面向工艺布置对间断生产作业过程有利，而固定位置布置对一次性的大型或特殊项目的生产作业有利。

（1）面向产品布置

面向产品布置（即按对象原则布置，或流水生产线布置），是指按产品或顾客的性质分别设置相应的生产单位，使某种产品或顾客在一个生产作业单位里得到所需的几乎是全部的加工处理或服务的布置方式。一个生产作业单位是多种工艺性质的设备、工人等的集合体，进行规定的各种工艺性质的加工或处理。

面向产品布置是借助于高度标准化的产品或服务及其所需用的高度标准化的作业得以实现的。一项工作被划分成一系列的标准作业，以实现劳动和设备的专业化。这样，就可将所需用的设备和工人按此顺序排列布置。由于每个对象都以相同的顺序流过各作业，还可使用传送带等类似的固定路线的物料搬运设备在这些作业间运送加工对象，从而形成了一条条如图 3－1（a）所示的生产或装配线。

（2）面向工艺（过程）布置

面向工艺（过程）布置（即按工艺原则布置），是指按加工处理的工艺性质分别设置相应的生产单位，使产品或顾客依次经过相应的各生产单位接受所需的、特殊的加工处理或服务的布置方式。一个生产单位是一种工艺性质的设备、工人等的集合体，进行一种工艺性质的加工处理或服务。它能处理各种具有不同加工要求的但加工性质相同的产品或服务。

该种布置以部门化或职能化为特征。图 3－1（b）描述了典型的面向工艺（过程）布置的部门安排。在这种布置中，各部门只有使用通用设备和具有高技能的熟练人员才能适应大范围的加工处理要求。

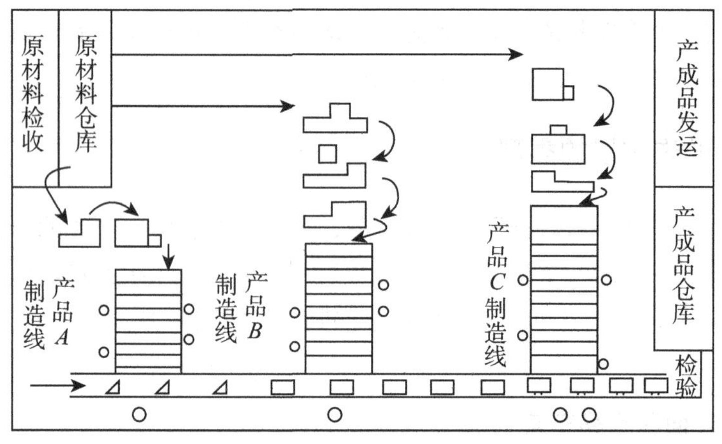

（a）生产或装配线

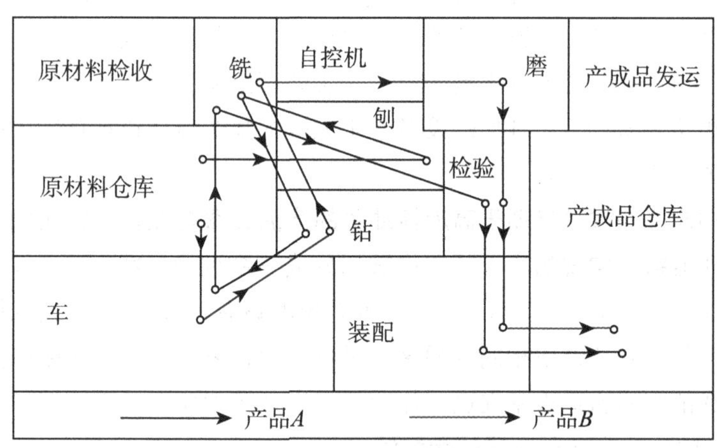

（b）面向工艺布置

图 3－1　两类基本布置示意图

(3) 固定位置布置

固定位置布置，是指产品或项目的位置保持不变，而人员、物料和设备在需要时移动的布置。它与面向产品布置和面向工艺（过程）布置截然相反，是人员、物料和设备向“产品”移动的。产品的特点决定了这种布置，大的重量、尺寸、体积及其他因素致使产品或对象不适宜或极其难以移动，而必须采用这种布置方式。

固定位置布置常用于大型建设项目（建筑物、水坝等）、造船、大型飞机和空间火箭等的生产，还广泛应用于种植、消防、筑路、房屋改建和维修、钻井等领域。

此时，要集中注意物料和设备交付时间的安排，以免阻塞工作现场和避免在工作场地对材料和设备进行不得已的反复布置。**因为要对大型项目进行各种作业活动，需要广泛的技术装备和人员，所以需要特别加强协调管理工作，以减少管理幅度**。因此，与其他布置类型相比，此种布置下的管理责任和负担较重。

以上三种基本布置类型是典型的或理想的模式，实际的布置常是这些纯布置类型的各种混合形式。

三、车间布置与库房布置

1. 车间布置

车间布置是指车间内各组成部分和设备的布置。车间由基本生产部分、辅助生产部分、仓库部分、办公部分和生活区域几部分组成。对车间布置的要求与厂区布置相类似，只是车间的规模小，要求更具体一些。**车间是企业生产活动的直接承担者，担负着产品的加工任务，设备布置成为车间布置工作中最主要的任务。**

(1) 设备布置的形式

生产设备布置通常有两种形式，即工艺专业化和产品（对象）专业化，分述如下。

①工艺专业化布置形式。这个概念与厂区布置的工艺专业化是相同的，只是工艺的概念更小一些，是指把同类的设备布置在一起。比如，金属切削加工车间（俗称金工车间）集中了许多金属切削机床，专门承担金属切削加工工艺的生产任务。在金工车间内采用工艺专业化形式就是指按工艺类别建立生产班组，常见的有车床组、铣床组、刨床组、钻床组、磨床组等。这种布置形式比较适用于品种多产量小的生产类型。它的特点是：同类设备集中、加工技术单一、分派任务弹性大，加工对象多、工艺路线差别大、难以使工件搬动自动化，在各工序之间成批搬运、加工周期长，周转环节多、不易管理。

②产品专业化布置形式。按产品（确切地讲按零件）把加工这个产品（零件）所需要的设备布置在一起，即布置成一条专门的加工生产线。这种形式适合于品种少产量大的生产类型。它的特点是：工件搬运可以实行机械化、自动化，降低搬运费用，生产流程连续性好，可以缩短生产周期，计划管理十分简单，生产容易控制，但相应地对加工线的应变能力差。

需要指出的是，不论在以工艺原则组成的车间还是在以对象原则组成的车间内，都可能采用这两种布置形式。

（2）设备布置的原则

生产车间内部的布置也应该遵循工艺性、经济性和安全性原则，具体有以下要求。

①尽可能保持生产过程的连续性，使在制品处于加工或运输状态，减少中断与停顿。这就要求各生产环节布置得流程通畅、紧密衔接，各生产环节的加工能力应该匹配。

②工件加工中的运送路线要短，尽可能减少在制品运送次数与运送量，工人操作的行走路线要短，以节省工人的工作时间。

③车间内要留出足够的通道面积，通道要直、尽可能少转弯，物流通道与人行走道最好分开。

④充分保证生产用的面积，提高空间利用率，不需要的工具等物品坚决清理出现场，不常使用的东西放在边角处。

⑤设备布置要保证安全，要便于工人操作和布置工作地。

2. 仓库布置

从某种意义上来说，仓库类似于制造业的工厂，因为物品也需要在不同地点（单元）之间移动。因此，仓库布置也可以有多种不同的方案。图3－2所示的是一种最普通、最简单的仓库类型。这是一个家电用品仓库，共有14个货区，分别储存7种家电。仓库有一个出入口，进出仓库的货物都要经过该口。假设该仓库每种物品每周的存取次数如表3－2所示，那么应该如何布置不同物品的货区呢？

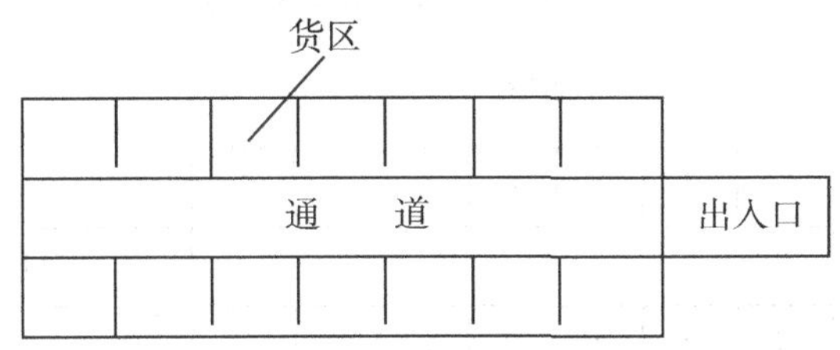

图3－2　家电用品仓库的平面示意图

表3－2　家电用品仓库的存储信息

存储物品	搬运次数（每周）	所需货区（个）
1 电烤箱	280	1
2 空调	160	2
3 微波炉	360	1
4 音响	375	3
5 电视	800	4
6 收音机	150	1
7 其他	100	2

这实际上就是一个典型的仓库布置问题。显而易见，这个问题的关键是寻求一种布置方案，使得总搬运量最小。这个目标函数与很多制造业企业设施布置的目标函数是一致的。**因此，自然会想到，可借助于负荷距离法等方法**。实际上，这种仓库布置的情况比制造业工厂中的经济活动单元的布置更简单，因为全部搬运都发生在出入口和货区之间，而不存在各个

货区之间的搬运。

这种仓库布置进一步区分为两种不同情况：①各种物品所需货区面积相同。在这种情况下，只需把搬运次数最多的物品货区布置在靠近出入口之处，即可得到最小的总负荷数。②各种物品所需货区面积不同。需要首先计算某物品的搬运次数与所需货区数量之比，取该比值最大者靠近出入口，依次往下排列（请读者自己考虑为什么）。如在上例中，各种物品的该比值从大到小的排列顺序为（括号中为比值数）：3（360），1（280），5（200），6（150），4（125），2（80），7（50）。图 3－3 是根据这种排列所作出的布置方案，图中数字为存储物品代号。

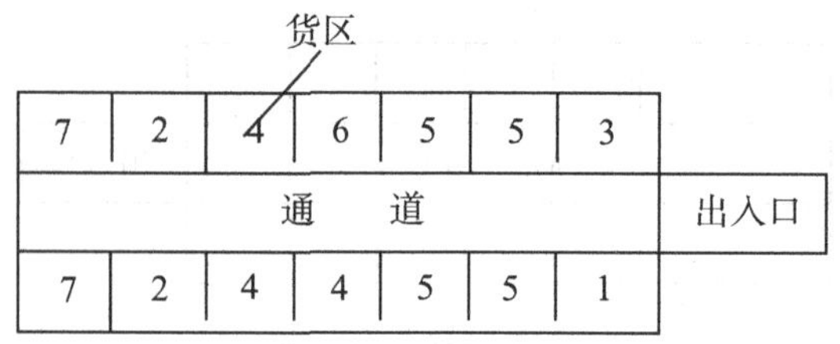

图 3－3　家电用品仓库的布置方案

上面是以总负荷数最小为目标的一种简单易行的仓库货区的布置方法。在实际中，根据情况的不同，仓库布置可以有多种方案，多种考虑目标。例如，不同物品的需求经常是季节性的。因此，在上例中，也许在元旦、春节期间应把电视、音响放在靠近出入口处，而在春夏之季将空调放在靠近出入口处。又如，空间利用方法的不同也会带来不同的仓库布置要求，在同一面积内，高架立体仓库可存储的物品要多得多。**由于拣运设备、存储记录方式等的不同，也会带来布置方法上的不同。**再如，新技术的引入会带来考虑更多有效方案的可能性：计算机仓储信息管理系统可使得拣运人员迅速知道每一物品的准确仓储位置，并能够为拣运人员设计一套汇集不同物品于同一货车上的最佳拣出行走路线；自动分拣运输线可使仓储人员分区工作，而不必跑遍整个仓库等等。总而言之，根据不同的目标，所使用技术不同以及仓储设施本身的特点，仓库的布置方法会有多种。

第四章
产品开发与工艺选择

随着市场变化的日益频繁，产品寿命周期日益缩短，企业的产品战略应从“制造产品”向“创造产品”的方向发展。因此，能否及时开发出切实满足市场需求并具有竞争力的产品和服务，决定着企业能否在市场竞争中发展壮大。

——［美］乔治·雅布斯

一、产品研究与开发

1. 企业产品开发的意义

产品开发对企业具有特别重要的意义。从表面上看，企业是围绕着产品转的，不断地重复着从制造产品到销售产品的过程。但是，制造与销售产品不是企业的最终目的。企业最终是为了生存，是为了创造财富、获得利润。企业只能在竞争中求生存，在生存中求发展。**产品是企业竞争的载体，因此，产品开发对于企业的生存是至关重要的。**

(1) 巩固与扩大市场占有率

产品有其生命周期，或长或短则根据不同产品不同市场而定，它与用户需求的变化速度有关，也与市场竞争的程度有关。现代社会的需求呈现出多样化的趋势，科学技术呈加速度发展的态势，两者结合的必然结果就是企业开发产品的速度加快了，产品的生命周期变短了，一个产品一种型号能在市场上畅销几年、经久不衰已是不可能了。**因此，企业必须审时度势，不失时机地推出已有市场的替换产品，以巩固市场**。此外，市场需求是分层次的。对同一种产品，不同的消费群体表现出不同的需求，企业可以通过开发系列产品来满足各种消费群体，以扩大消费市场。

在市场上，谁开发产品快，谁就掌握市场的主动权，就能在竞争中处于有利地位。反之，则会处于不利地位，面临丧失市场的危险。

(2) 开拓新的经营领域

企业的经营规模也是企业竞争力要素之一，企业在单一产品方向上开发新产品和系列产品是可以扩大生产规模的。但是，单一产品的市场容量毕竟是有限的，如果一味地进行单一产品的生产开发就会限制企业的发展，这就需要企业通过开发另一种产品进入新的领域，寻求新的发展空间。世界上规模巨大的跨国公司都涉足许多行业，不如此难以形成规模。企业要扩大经营规模，组建大的企业集团是必由之路，实现这一目的的途径除了进行企业兼并以外，开发新产品、打开新领域也是一条重要的途径。

此外，开拓新的经营领域还可以提高企业抵御市场风险的能力。在市场经济中，各种商品的发展程度是不平衡的，并且具有很大的不确定性。有的产品可以有较长时间的稳定的需求，而有的产品的市场需求却十分短暂。开发新的产品，进入新的领域，拓宽经营范围，做到东边不亮西边亮，可以降低经营风险。当第一种产品取得了稳固的市场份额，积累了一定的实力以后，立即开发第二种、第三种产品进入新的领域，既能求得新的发展空间、扩大了经营规模，又能增强了抗风险能力。

（3）调整结构适应需求

社会需求是一个动态的发展过程，需求不仅在数量上会发生变化，还会在品种上有变化，通称为结构变化。需求结构变了，生产结构必须随之变化，否则就会产生供需失调的矛盾。企业销售不畅，市场供需严重失调往往是主要原因。调整结构以适应需求是企业摆脱困境的最有效措施，可以从以下三个方面实施。

①开发新产品，调整产品结构。供需结构严重失调的主要原因是企业技术改造投入不足，导致新产品开发能力薄弱，致使企业产品结构调整缓慢，不能适应市场需求的快速变化。其后果是市场适销产品少，企业成品库存增加，资金积压，而居民却持币待购，无货可买。**企业可以通过开发适销对路产品，从根本上实现产品结构调整，以适应消费结构的变化，改善企业经营状况。**

②开拓经营新领域，调整经营结构。社会消费的发展趋势是从单一到多样，从低层次到高层次，消费的重心也会随着社会经济发展水平而转移。企业增强新产品开发能力，可以使企业跟随消费重心的转移，及时开发各类产品，进入各类市场，避免产品雷同，掌握竞赛的主动权。

③调整投资结构，保证产品结构与经营结构的调整。在结构调整中，产品结构是最基本的。企业靠产品结构的调整来适应市场需求的数量变化与品种变化，来实现企业经营结构的调整。但产品结构调整不是一句空话，它需要投资结构的支持。企业要在整体目标指导下，合理配置资金，集中力量把对调整结构具有显著作用的重点产品和技术改造项目扶持上去，防止低水平重复。企业要加大对科技的投入，确保在产品开发方面的优势，走活这步棋，则走活全盘棋。

2. 现代企业的产品研究与开发

进入21世纪以来，由于科学技术飞速进步和生产力的发展，社会消费水平日益提高，企业之间的竞争加剧，加上政治、经济、社会环境的巨大变化，使得市场需求的不确定性大大增强，致使需求日益多样化。企业所面对的是一个变化迅速且无法预测的买方市场。企业要想在这种严峻的竞争环境下生存下去，必须加强企业的产品研究与开发，提高快速开发新产品和改造老产品的能力，使企业具有强有力的处理环境的变化和由环境引起的不确定性的能力，才能使企业赢得竞争。

（1）研究与开发的分类与特征

①研究与开发的分类。研究与开发（Research and Development，简称R&D）包括基础研究、应用研究和技术开发研究。

- 基础研究。基础研究进行的是探索新的规律、创建基础性知识的工作。
- 应用研究。应用研究是将基础理论研究中开发的新知识、新规律应用于具体领域，即运用基础研究的成果，为创造新产品、新方法、新技术、新材料的技术基础而进行的研究。
- 技术开发研究。技术开发研究是将应用研究的成果经设计、试验而发展为新产品、新方法、新技术、新材料或改变现有产品、技术、方法的科研活动。

②研究与开发的特征。三种类型研究活动的目的、性质、内容及在管理上都具有不同的特征，如表4－1所示。

表4－1　三种类型研究的比较

	基础研究	应用研究	技术开发研究
目的	寻求真理，扩展知识	探讨新知识、新规律应用的可能性	将研究成果应用生产实践
性质	探索发现新事物、新规律	发明新事物	完成新产品、新方法、新工艺、新材料，使之实用化、商品化

表4－1（续）

	基础研究	应用研究	技术开发研究
内容	发现新事物、新现象	探索基础研究应用的可能性	运用基础研究，应用研究成果从事产品设计、产品试制、工艺改进
成果	论文	论文或专利	专利设计书、图纸、样品
成功	成功率低	成功率较高	成功率高
经费	较少	费用较大，控制松	费用大，控制严
人员	理论水平高，基础雄厚的科学家	创造能力强，应用能力强的发明家	知识和经验丰富、动手能力强的技术专家
管理原则	尊重科学家意见，支持个人成果，采用同行评议	尊重集体意见，支持研究组织在适当时候作出评价	尊重和支持团体合作
计划	自由度大，没有严格的指标和期限	弹性，有战略方向，期限较长	硬性，有明确目标，较短期限

（2）企业R&D的主要内容

科学技术的研究与开发是推动生产力发展、促进社会进步的重要因素，因而为所有国家政府注重。同样，企业R&D对于提高企业竞争能力、赢得市场份额至关重要。而企业R&D与一般意义上的研究开发是有一定区别的。研究开发类型中的基础研究以及在此成果上的应用研究主要为国家政府和科技界所关注，企业主要关注和参与的大多是技术开发，力求实现新知识、新技术与市场需求的融合和转换。再者，企业外的R&D大多属于非经济性活动，而企业作为一个经济实体，其R&D理所当然从属于企业的整体经营行为，有着明确的功利目标。所以，企业的R&D既可以看作一种利用自然科学的知识进行有特定目的的探索或创造性行为，也可以将其理解为一种为实现企业经营目标的经济性行为。

企业的R&D主要包括新产品开发和新技术开发两大内容。新产品开发在企业经营中具有极为重要的意义，它关系到企业未来的生存与发展。对于企业来说，R&D的主要目的是不断创造出能够带来高额利润的新产品以保持长期的竞争优势。也就是说，企业的产品战略应从“制造产品”向“创造产品”改变，营销战略应从“适应需求”向“创造、引导需求”转变。随着市场变化的日益频繁，产品寿命周期的日益缩短，产品开发将决定企业经营的基本特征，并成为企业经营活动的出发点。

与此相适应地，企业开发新技术，即新生产工艺技术开发也具有非常重要的地位和作用。众所周知，技术是影响企业竞争力的基本要素之一，技术具有将企业所拥有的资源转换为产品和服务的功能。新产品的竞争力除了产品本身的功能、性能特性以外，还需要有优异的质量和低廉的价格来保证。而后者则是由生产工艺技术来提供保证。在科学技术进步日新月异的今天，技术的寿命周期与产品的寿命周期一样，正在日益缩短。**因此，企业需要不断地开发、采用新技术来取代陈旧老化了的技术，对于企业来说，产品开发和技术开发二者是相辅相成、缺一不可的。**

总之，有计划、有组织地积极进行 R&D 已成为当今企业赢得竞争、谋求长期发展的重要手段，并已成为企业经营战略和生产运作战略的重要组成部分。

二、产品设计

在生产主管人员的眼中，产品设计活动的关键是输出产品的规格。这些规格为一系列决策提供依据，包括购买原材料、选择设备、配备工人，甚至包括决定生产设备的规格与布置。

一般认为产品规格就是蓝图式工程图（工作图），其实它有很多不同的形式，从高度精确的数量说明直至相当灵活的指导准则。

我们把产品设计过程用流程图的形式加以描述，如图 4 – 1 所示。

图 4 – 1 是从一些产品设计方法中综合而成的，开始可以把它作为一种理想的情况来理解。但也必须说明，产品设计和研制，很少会像图中所示那样截然地分阶段来进行，它们往往是环环相扣，某些活动常常是同时完成的。再者，在不同工业中这些阶段的划分与定型也是不相同的。一般说来，对于那些要进行大量研究工作和进行工具准备的企业，或是要进行大量创新工作以维持它在市场上的竞争能力的企业，它们比别的企业更需要

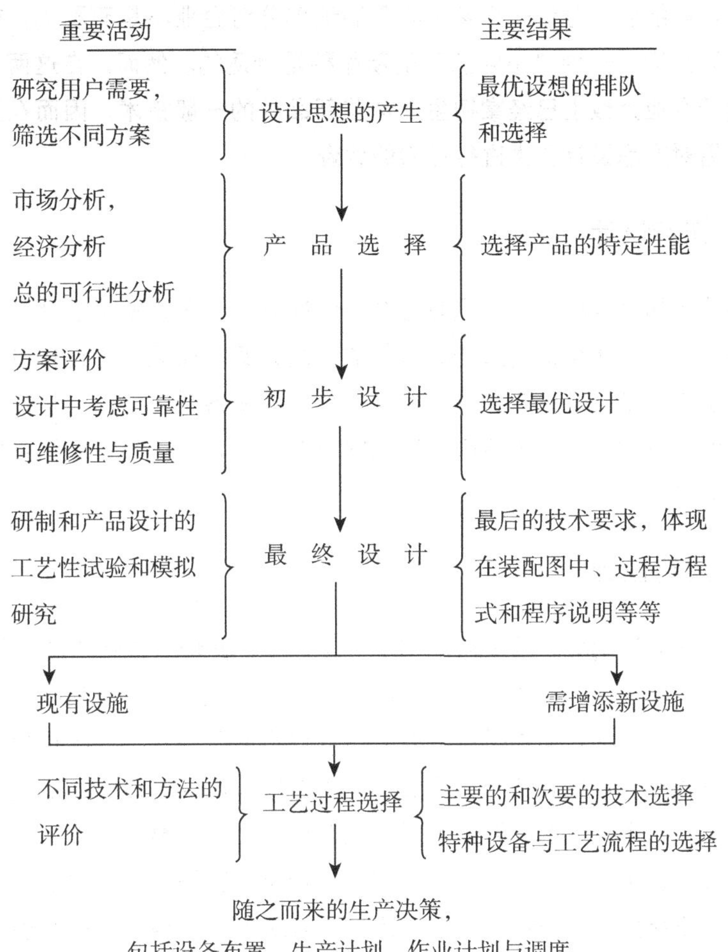

图 4－1　产品设计与研制程序

有定型化的程序。

1. 产品的选择

产品品种的选择与产品设计的决定是完全不同的，但这两者往往又是互相交叉、缠合在一起的。例如，对一个钢铁企业，增加一个新的合金钢品种，既要进行产品的选定，又要进行产品的设计工作。从另一方面看，更为典型的是，产品选择阶段只是得出最终产品的“骨架”。如冷藏设备制造厂，可能认为分设一个家用冰箱制造部分对企业将是有利的，或者一个烟厂认为增加一种“小雪茄”的新品种是合适的。**然而，在这两种情况下，由于企业大致上已经掌握生产这些新品种的一般技术，因而在选定产品时不需对产品设计要素进行详细的调查。**

2. 初步设计

不论产品设计程序中有没有这么一个独立的阶段，初步设计阶段往往要拟订出若干个能概括所选产品特征的不同方案。如果冷藏设备制造厂决定准备生产冰箱，那么它将遇到冰箱外形、贮藏容量、所用电机尺寸等方面的问题。在初步设计中要确定产品的重要特性，如可靠性、可维修性和使用寿命等。

3. 最终设计

在最终设计阶段，需要研制和使产品定型，并修改设计中的“缺陷”，从而在工程上确保产品的完美。因此，产品最终设计的输出包括：产品的整个规格、零部件，如果是制造产品还应包括装配图纸，后者提供进行生产时所需的尺寸依据。此外，产品设计的详细程度要考虑到产品的类型而有所区别。如生产汽车时要精确规定汽车底盘所用钢材的张力、发动机零部件的公差、闸衬的构成与厚度，等等。相反，在医院治疗患者所做的最终设计就不能如此预先作详细的规定，因为对患者的确切治疗必须在“生产”（即治疗处理）的过程中逐步地具体地明确。

这时，还必须从成本、费用的角度考虑不同方案的效果，并且要进行权衡得失的比较。在选择产品的结构与材料时，更需要反复比较。这种权衡得失的复杂性是可想而知的，即便不算很精密的产品如家用冰箱，就有约 500 个零件。可以想象到，每个零件都有不同制造费用的方案供选择。进行分析时，典型的考虑是零部件的可配合性和简化。“可配合性”是指零部件在运行中的配合与适当的连接。配合性问题，不仅发生于需要紧密配合的场合（如冰箱门上的销子），还发生在受应力作用下需要有同样反应的场合。如吊桥的部件不仅要很好的装配，还要求它们在遇大风侵袭时，有相同的张力。另外其部件还有相似的膨胀系数，以便在冷热变化时能作相同的胀缩。“简化”是指消除那些会引起生产费用增长的因素的活动。简化问题主要发生在制造方面，例如那些无关紧要的圆边和非标准化的孔径尺寸会造成生产中的“薄弱环节”，并在使用过程中给维修带来不方便。**在服务业中，“简化”主要同这样一些问题有关：如职业介绍所中表格的设计，旅客行程路线的安排如空运站中的行李提取等。**

除了上述的共同的活动以外，某些组织还采用较正规的产品试验方案，并在最终设计阶段中安排重新设计的活动。对于消费品，产品的试验可以采用市场试销的形式；对于武器系统来说，可采用试射（试爆）的形式。无论是哪种情况，事先必须做好充分的计划与必要的准备。产品重新设计一般在样品试验后进行，工作量大小要根据试验结果来决定。如果再设计工作量大，产品设计必须从初步设计开始，重新进行一个循环；如果变化不大，稍作修改后即可投产。应注意的是，有时小的、局部的修改，可能导致整个结构的、大的变动。

三、工艺设计与选择

1. 工艺设计过程

产品设计是用来解决生产什么样产品的问题的，而生产工艺则是用来解决产品如何制造的问题。工艺设计过程的内容包括：对产品设计的工艺性进行分析和审查、拟定工艺方案、编制工艺文件、设计制造工艺装备与专用设备、确定产品质量控制与技术检验方法及调整生产线等。

工艺设计的根本任务是：根据产品设计的要求，采用先进的工艺技术，保证产品的加工制造符合高效率、高质量、低消耗、安全和环保的要求，使产品达到预定的质量标准，以满足社会的需要。

（1）产品的工艺性分析和审查

对产品设计进行工艺性分析和审查，指的是从工艺角度检查产品结构的合理性、可加工性的活动，以便使所设计的产品符合本企业的制造条件，并力求达到最好的经济效益的目的。

产品设计工艺性分析审查的主要内容是：

● 技术要求的经济合理性，例如，机械加工的精度是否合格、表面粗糙度是否适当；

● 结构关系是否合理，即零部件的继承性如何，结构的规格化与标准化程度如何，是否应尽量提高已有零部件在新产品中的比例；

● 材料选择是否经济合理，加工性能是否良好；

● 在本厂现有设备上能否加工制造，有没有条件采用高效率的先进工艺和先进生产组织方式；

● 工艺装备系数是否合理，能否充分利用现有的工艺装备和标准工具。

（2）拟定工艺方案

为了保证工艺准备的质量和合理性，企业需要先拟订出工艺方案。**工艺方案是工艺设计和准备的指导文件，是工艺准备工作的纲领。**它将指出产品制造的技术关键及其解决方法，并规定了工艺工作应遵循的基本原则。工艺方案的主要内容有：

● 规定新产品试制及过渡到成批或大量大批生产后应达到的生产指标，如质量、生产率、材料利用率等；

● 规定工艺制定的原则，例如，是采用专用设备还是采用通用设备、工序是集中还是分散，等等；

● 规定工艺装备的设计原则及工艺装备系数；

● 确定关键工艺的解决方案和试验研究问题；

● 工艺路线的安排及生产组织形式的确定；

● 工艺方案的经济分析；

● 工艺准备工作量的估计和工作进度的计划。

拟定工艺方案的依据是产品设计的性质（创新设计或仿制、系列产品或非标准产品、专用产品或通用产品），产品的生产特点，生产规模或生产类型等因素。

（3）制定工艺文件、编制工艺规程

工艺文件包括：工艺规程、工艺装备图、工时定额与原材料消耗定额等。其中，最主要的是工艺规程。它是具体指导工人进行加工制造的操作文件。工艺规程的主要内容为：产品及其各部分的制造方法和顺序、设备的选择、切削规范的选择、工艺装备的确定、劳动量及工作物等级的确定、设备调整方法、产品装配与零件加工的技术条件等方面。

工艺规程的形式有四种：工艺过程卡片（工艺路线卡）、工艺卡片、工序卡片和工艺守则。此外，还有调整卡片和检查卡片等的辅助文件。

①工艺过程卡片。工艺过程卡片是按零件来编制的。它规定工件制造过程中的路线、经过的车间、各道工序的名称、加工方法、采用的设备、工装、工时定额等。它比较简略，适用于单件小批生产与新产品试制的场合。

②工艺卡片。工艺卡片是为零件加工制造的工艺阶段（车间）而编制的。例如，铸工、锻工、机械加工、装配工艺卡片等。它以工步为单位进行编制，包括切削用量及加工草图。它适用于成批大量生产类型的所有零件，以及单件小批生产的重要零件的生产。

③工序卡片。这是按零件加工的每一道工序编制的一种工艺文件。它的内容包括：每一工序的详细操作，操作方法和要求等。它适用于大量生产的全部零件和成批生产的重要零件。在单件小批生产中，一些特别重要的工序也需要编制工序卡片。

④工艺守则（即操作规程）。它规定操作的要领及其注意事项。一般是根据同类工艺操作制定的，不受工厂具体生产条件的限制。通常对关键工序才制定工艺守则。

工艺规程是安排生产作业计划、生产调度、质量控制、原材料与工具供应、生产组织和劳动组织的基础资料。因此，它是十分重要的生产指导文件。

（4）工艺装备的设计和制造

工艺装备是制造产品所用的各种刀具、量具、模具、夹具、辅助工具的总称。使用工艺装备对保证产品质量、提高劳动生产率、改善劳动条件等具有重要作用。

工艺装备按其使用范围，可分为标准、通用和专用三种类型。标准工装和通用工装可应用于范围广泛的产品零部件的加工制造。它们一般由专业厂家制造。生产企业根据需要进行购买与配置。专用工装则都是根据具体产品的专门需要，由生产企业自行设计制造。

工艺装备的设计制造的工作量很大。在成批和大批量生产条件下，往往占工艺准备总工作量的50% ~80%；而且花费的成本也很高，在机器制造业中，工艺装备的费用平均占产品成本的10% ~15%。因此，在设计和制造专用工装时，应处理好保证质量、提高生产效率和降低产品成本三者之间的关系。为解决这个问题，企业通常是通过调整工艺装备系数来控制工艺装备的合理数量。

所谓工艺装备系数，就是专用工装种数与专用零件种数的比值。它代表了工艺装备水平的高低。工艺装备系数过大，将使工艺装备准备工作量过大，准备周期延长，成本增高；如果太小，则不能满足生产的需要，无法保证加工质量和提高生产效率。因此，需合理确定工艺装备系数。一般产品越精密、越复杂、产量越大，则工艺装备系数也越大；反之，可以小些。表4－2列举了各种生产类型的工艺装备系数的参考数据。

表4－2　　各种生产类型的工艺装备系数

工装名称	工艺装备系数			
	单　件	小　批	成　批	大　批
夹　　具	0.18 ~0.20	0.20 ~0.30	0.40 ~0.80	（1）00 ~ （2）70
量　　具	0.09 ~0.20	0.20 ~0.35	0.35 ~0.40	0.40 ~ （1）50
切削工具	0.04 ~0.08	0.15 ~0.25	0.25 ~0.30	0.30 ~0.90
辅助工具	0.02 ~0.05	0.05 ~0.10	0.10 ~0.20	0.20 ~0.80
模　　具	—	—	0.10 ~0.20	0.20 ~0.50
总工装系数	0.23 ~0.53	0.60 ~ （1）00	（1）20 ~ （1）90	（2）10 ~ （6）40

2. 产品－工艺矩阵

工艺过程的选择只有与产品结构的性质相匹配，才可能获得最好的技术经济性能和效益。在这方面，R. H. 海斯（Robert H. Hayes）和S. C. 惠尔赖特（Steven C. Wheel-wright）于1979年提出的产品－工艺矩阵（Product-Process Matrix，简称 PPM)，为我们提供了一个清晰的概念框架。

图 4 –2 是一个产品 – 工艺矩阵示意图。图的横边代表产品结构，它是一种从小批量、低标准化和一样一件的产品结构，演变到大批量、高标准化的产品结构的连续谱，其中可以区分出 4 种典型的产品结构模式。图 4 –4的纵边代表工艺过程，这是一个从混杂流动的多任务车间，向连续流动逐渐演变的连续谱，其中也可以区分出 4 种典型的工艺过程。**这种演变中的产品结构和工艺过程，还可以看作是一种寿命周期结构**。当一种新产品处在试制阶段时，它的产品结构类型和工艺过程类型对应产品 – 工艺矩阵的左上角区域；而当该产品在市场上逐渐进入成熟期后，其产品结构和工艺过程的模式则沿产品 – 工艺矩阵的对角线向右下方演变。引入寿命周期的观点，强调了工艺过程选择的动态性。

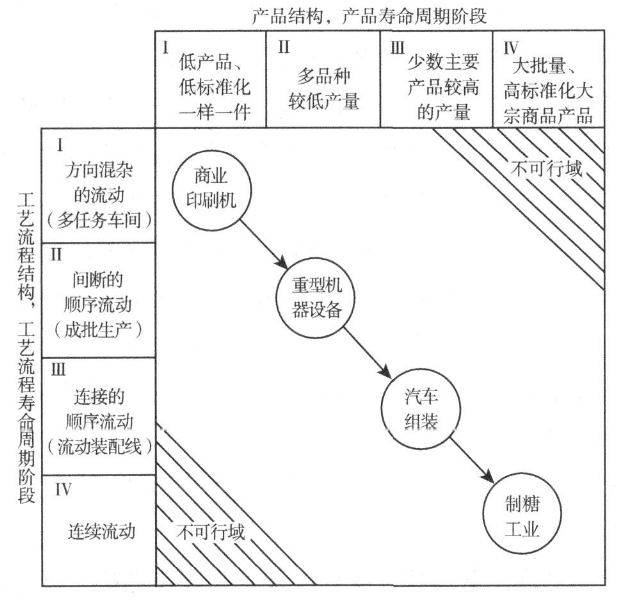

图 4 –2　产品 – 工艺矩阵

在图 4 –2 的产品 – 工艺矩阵的对角线上，列出了 4 种代表性的产业。其中商业印刷机是作为一样一件的多任务车间类型的代表，类似的工业还有飞机工业、造船工业和大型发电设备工业等。重型机器设备工业是作为多品种、低产量的成批轮番生产类型的代表，类似的工业还有工程机械、纺织机械、输变电设备和家具工业等。汽车组装工业是作为少数产品较高产量、装配流水线类型的代表，类似的工业还有电子工业、家用电器工业、纺织工业、服装工业等。制糖工业是作为大批量、高标准化的连续生产类型的代表，类似的工业还有造纸工业、基本化工原料工业、化纤工业、啤酒酿造工业和冶金工业等。

产品－工艺矩阵（PPM）至少向企业的决策者传递了两个重要信息：

①根据产品结构性质，沿对角线选择和配置工艺过程，可以达到最好的技术经济性。换言之，偏离对角线的产品结构－工艺过程匹配战略，不能获得最佳的效益。

②传统的根据市场需求变化仅仅调整产品结构的战略，往往不能达到预期目标，因为它忽视了同步调整工艺过程的重要性。认识到这一点对利用制造这个“令人生畏”的武器、建立持久的竞争优势是非常必要的。

尽管理论上存在产品－工艺的最佳匹配模式，但实际上，产品结构与工艺过程的调整很少是完全同步的，这就出现了横向偏离 PPM 对角线的工艺过程配置方式和纵向偏离 PPM 对角线的工艺过程配置方式。例如，当产品结构已从多品种、低产量的模式逐渐演变到围绕几个主要产品形成较高产量的生产时，企业的工艺过程还停留在多任务车间的成批生产阶段。这时，工艺过程就形成了横向偏离 PPM 对角线的配置方式。在这种配置方式下，虽然生产系统保持了原有的较高的应变能力，但对生产率和单位产品成本水平的改善却微乎其微。只是当主要竞争对手的工艺过程运作在 PPM 对角线或在对角线以下的状态上、并取得了更高的生产率和更低的成本水平时，才会迫使企业重新将工艺过程选择配置在 PPM 的对角线上；反之亦然。

每种生产方式和工艺过程，都有自身的优势和劣势，都有其适用的条件，故都会因条件变化而向对立面转化。当工艺过程从 PPM 的左上角演变到右下角时，生产率逐渐提高，单位产品成本水平逐渐下降，但系统的柔性和定制能力却趋向下降。当工艺过程配置横向偏离 PPM 的对角线时，保持了原有系统的柔性，但却损失了生产率和成本利益；当工艺过程配置纵向偏离 PPM 对角线时，系统的生产率和成本特性得到改善，但却损失了柔性，这就是在产品结构－工艺过程匹配上的“功能悖论”。我们上面已经提出一定程度的偏离和过度调整是不可避免的，但过度的偏离和过度的调整，将导致严重的后果，这就是 PPM 中不可行域提醒人们注意的问题。

采用单件小批生产方式的多任务车间（Job shop）的应变力最强，流水生产方式的生产率和成本特性最好，符合产品结构要求的工艺过程有最佳的技术经济性。以上三个一般原则是制定进一步的生产及作业战略的指南。

3. 影响工艺选择的因素

通常，工艺选择需要考虑如下因素。

（1）产量

产量是影响生产运营系统选择何种生产类型、何种生产技术水平及资本密集程度的一个重要因素。如果企业采用低成本竞争战略，必选择少品种、大批量的生产战略，必采用流水或连续流程型的生产类型，生产线上则必选择专用的和自动化程度高的设备；如果企业选择多品种、小批量的生产战略，必采用批量生产类型或柔性制造系统，或计算机集成制造系统，设备必选择通用的。人们将产品生命周期、产品产量与生产类型的关系同样总结成产品－工艺技术矩阵，以指导生产类型和生产技术的选择，如图 4－3 所示。

（2）人的因素

在设计生产运营系统、选择生产工艺技术时，必须充分考虑人的因素。技术改变时，要求人的工作方式有相应的改变。**因为采用新技术后，有些工作可能不再需要，有些工作可能难度增加了或降低了。**如果生产运营管理人员不能预见到这些并采取相应的措施，如做好富余人员的工作安排、加强技术培训、重新设计工作方式等工作。职工非但不能适应反而还会反对采用新技术。或者即使新技术被采用了，也会很快被搁置。

（3）管理模式

现代新技术发展趋势的特点之一是生产过程与管理过程、生产运营技

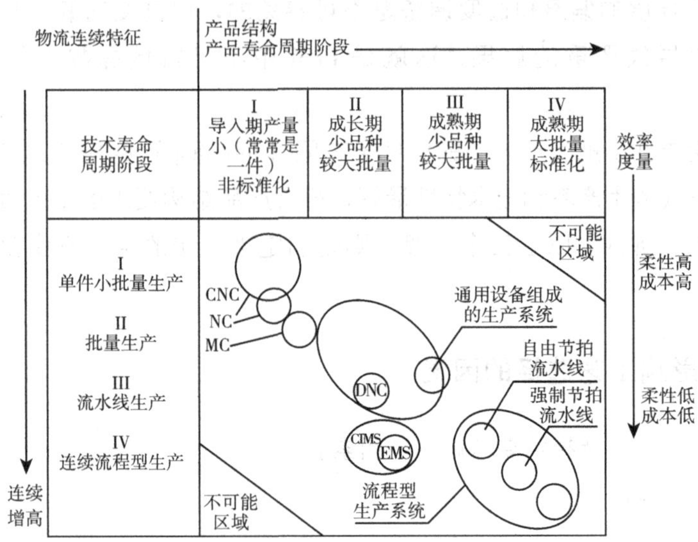

图 4－3　产品－工艺技术矩阵

术与管理技术的融合。只有把技术、管理和人力资源有机地融合在一起，才能充分发挥新技术的作用，增强企业的竞争力。

①应将传统管理中重视劳动分工与专业化、技术与管理界限分明的做法，改为重视系统集成，将企业中的设计、制造、销售等不同环节，技术、管理和人力资源等不同因素进行协调与联合的行为，以充分有效地利用资源、减少浪费、快速响应市场变化。

②应将传统管理中重物流、轻信息的做法，改变为重视信息的重要作用，注重产品设计、制造和销售过程中信息资源的开发和利用，提高信息收集、传输、加工、存取和利用水平的行为。

③改变传统管理中重硬件技术、轻软件技术的做法。在今天，软件技术大有超过硬件技术扮演主要角色的趋势，缺少软件技术，硬件技术充其量只能形成一些“孤岛”。因此，必须重新设计、改造原有工艺（业务）流程，包括组织机构、人员、工作内容的重新组合等，这就是 20 世纪 90 年代以来盛行于欧美各国的“业务流程重构”（Business Process Reengineering，简称 BPR）的基本思想。今后，既要继承传统管理重视人与机器、人与环境的关系，不断改善劳动条件，提高劳动效率的思想；还应按

现代管理思想的要求，注重人的智力因素和精神因素的作用，通过组织机构、业务管理、工作方式的改变，建立尊重人才、尊重知识的机制，充分发挥人的主动性、积极性和创造性，建成一个人机和谐、综合集成的系统。

4. 工艺过程选择

工艺过程选择包括以下一系列的决策：产品制造技术的选择、生产设备的选用、产品工艺流程的选择等。在这里我们举例予以说明：有一个部件需要进行车削加工，这一作业可以在普通车床、六角车床或自动车床上完成，这是从功能上的选择方案；而最为经济的选择方案则取决于我们所考虑部件的产量以及每种方案增量成本的相对量。要确定最经济的方案，我们必须估算出装置费和工具费，以及三种方案的可变成本。而对劳动成本进行估算可以利用标准数据（参考同样产品过去的成本）和有经验估算人员的技术作为基础。

目前，人们在累积工时研究资料的基础上已制定出了各种机械类别的标准数据。一个对机器较为熟悉的估算人员，是能够据此对装置和作业时间做出较好的估算的。**如果需要的标准要素中并不包含手工作业，则其工时价值可通过对工时定额测定法的动作标准数据合成获得。**

应用上述方法可估算出劳动成本。刀具成本、动力成本以及其他有关的增量成本也可以估算出来。在表 4 – 3 中，我们给出了一种部件的说明，该部件的加工可由普通车床、六角车床或自动车床完成。

表 4 – 3　在三种机器上加工一个部件的增量不变成本和增量可变成本

机器	不变成本， 装置劳动加装备工具	可变成本， 每件产品的劳动、供应品、动力等
普通车床	5.00 美元	0.19 美元
六角车床	30.00	0.10
自动车床	70.00	0.06

当然，对于不同的部件而言，当不变成本要素和可变成本要素发生变化时，其中任何两种机器间的盈亏平衡点也会发生变动。

现在，适用的决策准则已一目了然了：如果部件的生产批量少于278，则普通车床的增量成本最小；如果批量在278到1000之间，则六角车床的成本最小；如果批量在1000以上，则自动车床的成本为最小。请注意，这里的分析结果是以假定企业拥有全部这三种车床为前提的，所以资本成本问题没有予以考虑。如果自动车床需要另行购置，则分析中必须加以考虑。

在进行设备选择决策时，除了要考虑严格的经济因素之外，有时还需考虑其他因素。即使所有的备选方案都满足功能上的要求，也有可能选出能使加工结果达到较小公差的机器来完成那些较为“棘手”的加工。对于定做零部件的间断性生产类型企业来说，机器的适用性是至关重要的因素。在实际中，最经济的机器有可能正在被别的工作占用或出了故障，而这时应启用第二种最经济的机器，以避免订单长期等待。由此可见，在选择机器设备时，虽然经济因素最为重要，但同时便利、质量、功能等方面的因素也应给予充分的考虑。

下面我们来看一下研究工艺流程时所用到的生产管理工具——作业流程卡和作业卡。每个零部件在各个加工阶段都必须予以分析，以确定所应完成的加工作业，并选择和规定完成这些作业所要求的设备，这样就确定了加工的工艺路线，并通常用作业流程卡的形式概括出来。作业流程卡一般包括以下内容：

- 显示所要求的作业以及所推荐采用的这些作业的顺序；
- 规定所用的机器和设备；
- 提供估计的装置时间和每件的制造时间。

当某一部件是标准化部件，而且周期地制造或再制造来满足需要时，标准的路线卡就作为认可的制造方法而保持下来。**关于制造方法的更详细说明，常用作业卡的形式来确定。它会更详细地说明怎样完成这些作业，即提供一个标准的方法。**

作业流程卡，连同作业卡一起，规定怎样制造零部件或产品。这些文件对于制造企业来说是基本的。在设计一个生产系统时，它们所起的作用正如蓝图和图纸在零部件或产品设计中的作用一样。图纸说明做什么，而作业流程卡和作业卡则说明怎样做。

在连续型的生产企业中，一旦完成了工艺过程的规划选择并建立了生产系统之后，作业流程卡就没有什么用处了。因为，作业流程或者是已标准化的，或者是遵循机械路径，所以作业顺序是不成问题的。同样，尽管作业卡还常常存在，但它们只是作为加工条件和方法的记录被保存着，只是在需要用以对新人员进行工作标准化程序训练时，才有可能去参阅它们。一般生产企业只要求对标准的工艺流程定期更新，以反映产品设计的改变或生产工艺流程的进步。

四、计算机技术在产品工艺设计中的运用

1. 计算机辅助设计（CAD）

产品的开发设计，从总体上讲，是一种创新过程，但它却包含了大量烦琐的重复性劳动，如查表、计算、绘图、制表，等等。这些工作若能用计算机代替人力来做，必将大大减轻设计人员的劳动，提高他们的工作效率，使他们可把主要精力用于创造性的工作上。因此，应用计算机辅助设计（CAD）的发展是客观的必然趋势。随着计算机技术的飞速发展，已经有许多计算机辅助设计软件系统被开发出来，包括绘图软件、工程分析软件和适用于各种产品技术领域的专用设计软件。

一个典型的CAD系统包括一个交互的计算机图形系统，及文件数据库和图形库，并通过计算机网络系统将个人使用的工作站连接成统一的网络系统，达到信息共享和实时交换信息的作用——能调用已有的设计图纸或其他人正在设计的图纸，解决各部分互相配合，以及扩大已有设计的继承性的问题。**新的CAD软件还提供了计算机模拟功能，可直接在计算机上对产品的运行性能、装配结构等进行试验和选优。**这样，应用CAD系统不仅可大大提高设计工作的效率，缩短设计周期，还能大大地提高设计的质量，从根本上改变了产品设计工作的面貌。

2. 计算机辅助工艺过程设计（CAPP）

随着计算机技术的发展，计算机辅助工艺过程设计（CAPP）也得到了广泛应用。计算机辅助工艺过程设计是在工艺设计过程中应用计算机以

帮助提高其标准化和自动化的一种技术。它的目的是将产品的设计信息和企业的生产数据归并到一个计算机系统中去，使该系统产生可用的工艺规程。

工艺规程的设计不仅难度大，工作量也大。因为要处理的信息量大，而各种信息之间的关系又极为复杂，过去编制工艺规程主要依靠工艺师多年工作实践总结出来的经验来进行。因此，工艺规程的质量水平在很大程度上取决于工艺人员的技术水平和经验，这样编制出来的工艺规程一致性较差，也不可能得到最佳方案，而且费工费时。**采用 CAPP 则可以帮助工艺人员提高工艺规程编制的效率和质量，所以 CAPP 在国内外受到越来越广泛的重视**。许多国家投入大量的人力、物力和财力进行研究和开发（APP），目前已取得很大的成果，研制出许多 CAPP 系统，有不少系统已投入生产实践使用，取得良好效果。

目前世界上开发成功的 CAPP 系统各式各样，使用目的、服务对象、采用的技术都不相同，但从结构上看，现有的 CAPP 系统大致可以分为三类。

（1）派生式

派生式也称检索式，它是建立在成组技术基础上的 CAPP 系统。它是运用成组技术的基本原理，对现有的零件进行分类、编码，按照工艺相似性组成不同的零件族（组），选择其中一个能包含该族（组）中所有零件特征的零件作为标准样本，编制具有通用性的标准工艺规程，然后将标准工艺规程存入计算机中。当编制新的零件工艺规程时，先将新零件进行编码并输入 CAPP 系统，系统就会自动判断零件所属的零件族（组），设计并检索出该零件族（组）对应的标准工艺规程，然后再由技术人员根据零件的设计要求，利用系统提供的修改编辑功能，对标准工艺规程进行修改，以便得到该零件的工艺规程。派生式 CAPP 系统功能框图如图 4－4 所示。

（2）创成式

在创成式 CAPP 系统中，是由计算机模仿工艺人员的逻辑思维能力，以人机交互方式或自动进行决策和计算来进行工艺设计的。这种形式的

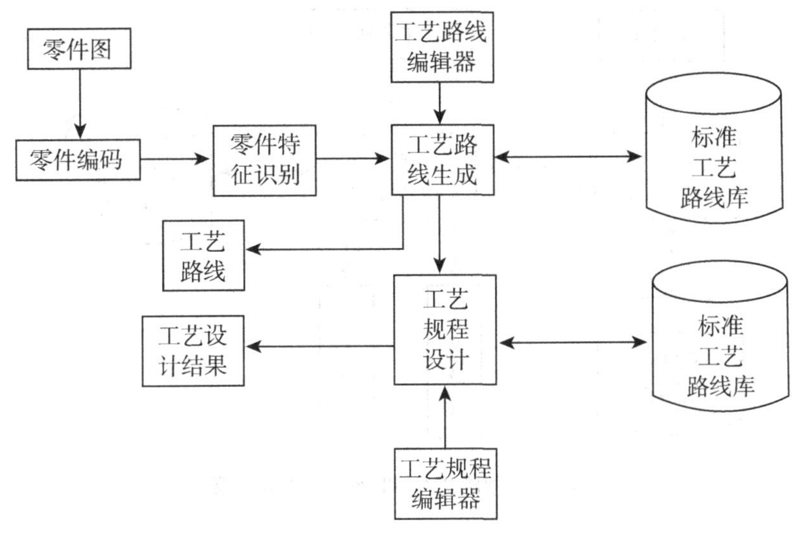

图 4-4　派生式 CAPP 系统功能框图

CAPP 系统，不是依靠检索已有零件或零件族（组）的标准工艺的方式来编制工艺规程，而是根据零件的几何形状、物理特性、现有的工艺手段以及综合技术与经济情况等因素，根据一系列加工制造决策逻辑，自动地从有关数据库中得到信息，在没有人工干预的条件下创造出一个新零件的优化的工艺规程。如图 4-5 则为创成式 CAPP 系统的功能框图。

创成式系统是一种先进的 CAPP 系统，它能较快地生成一致性好的工艺规程。计算机在这里完全替代了一个熟练的工艺设计人员的工作，不仅使工艺规程的设计质量得到保证，还能使非熟练的工艺设计人员也能较容易地进行工艺设计。然而，由于决策信息的获取和工艺信息的识别以及其他若干技术上难点的存在，这种系统的开发十分困难。严格地说，号称完全创成式的 CAPP 系统中还没有一个真正达到在生产中实用的程度。**创成式 CAPP 系统的核心是工艺决策逻辑，这是人工智能、专家系统发挥作用的大好领域**。应用专家系统原理的创成式 CAPP 系统是目前研究的重点。

(3) 混合式或半创成式

它是采取了一种折中的办法，综合了检索式和创成式 CAPP 系统的特点。它不存储也不检索任何单件零件的工艺或零件族（组）的复合工艺，

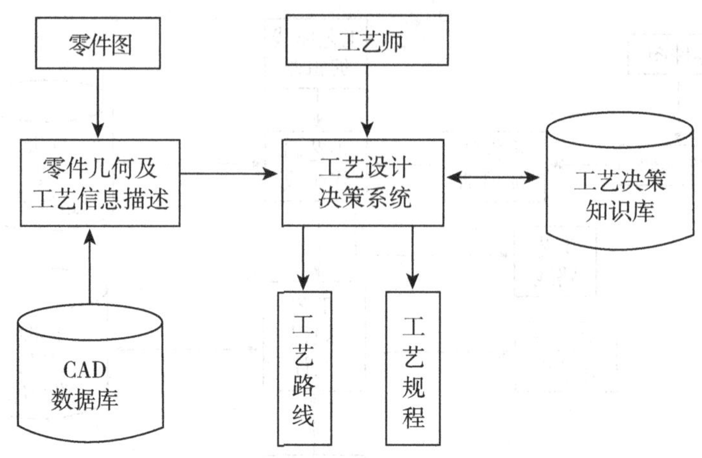

图 4-5　创成式 CAPP 系统的功能框图

但是它要考虑工艺上的一系列必然的、基本的、公认的原则。计算机根据零件的形状及加工要素等一系列原始设计信息进行逻辑判断，依据已有零件分类归组之后总结出来的典型的优化的工艺路线及典型的优化的工艺手段，重新编辑成一个新零件的工艺规程。这种形式的系统的开发工作量不如检索式大，难度也没有创成式高，还具有一定的决策能力，故是一种容易推广且人们乐于接受的 CAPP 形式。目前，国内外大部分 CAPP 系统均属于这种半创成式的。

计算机辅助工艺设计不仅可以大大节约工艺过程设计的时间、减少设计费用，还能设计出比手工编制更准确、质量更高、标准化更好的工艺规程，使产品制造质量得到充分的保证，还有利于把 CAD、CAPP、CAM 有机地结合起来，使计算机集成制造（CIM）得以实现。

第五章
工作设计与工作测量

劳动生产率对一个企业的竞争力起着关键作用，劳动生产率领先于竞争对手，对企业是一种强大的竞争优势。而要提高劳动生产率，就需要对工作进行合理设计与测量。

——郑　渊

一、工作设计

1. 工作设计的内涵

工作设计就是设置生产系统中的工作岗位并规定各岗位的工作内容的活动。**其目的在于使工作分配一方面满足组织、技术的要求，另一方面满足员工个人生理、心理的需求。**

工作设计始于泰罗的科学管理思想：工作方法应当科学地进行研究，而不仅仅凭经验。管理人员应制定正确的工作方法和标准工作量，并应该针对不同工作岗位选定合适的工作人员，培训他们使用合理先进的工作方法。从20世纪初至20世纪50年代，泰罗的思想和所创立的工作方法对美国企业及学习美国工业工程（Industry Engineering，简称IE）的企业的生产率的提高起到了不可低估的重要作用。虽然管理环境的日新月异，使得工作设计的内容日益完善，但其核心决策仍在于以下六个方面，如图5－1所示：

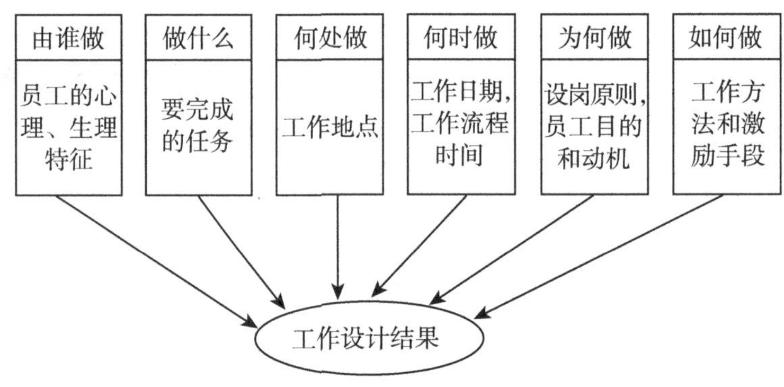

图5－1　工作设计决策

目前上述决策正日益受到以下趋势的影响：

- 每个岗位上的员工都要承担质量控制的责任，他们有权将存在质量隐患的整条生产线停下来，比如丰田生产线上的员工。
- 员工受到多工种培训，具有多种工作技能，以适应多品种、小批量的生产要求。

• 员工和团队参与工作设计和组织，这一点尤其体现在全面质量管理（TQM）的推进中。

• 通信技术和计算机系统的应用，扩展了员工工作的领域，提升了他们的工作能力，这对工作设计产生了越来越明显的影响。

• 在制造业和服务业中，更多的重体力劳动正被自动化设备所代替。

• 使员工真正认识其工作的意义，并对优秀员工进行奖赏以激励士气。

• 员工流动性加大，组织会在更大范围内组合使用临时员工。

2. 工作设计中的心理及生理因素

(1) 工作设计中的心理因素

心理因素是比较复杂的。**员工对工作设计提出的心理上的要求，主要与工作划分的专业化程度有关。**自从亚当·斯密在1776年提出分工原理以后，由于分工能提高效率，因此分工就日益得到细化。但专业化分工是把双刃剑。一方面，它使得高速度、低成本的生产方式成为可能；另一方面，过细的分工（例如一条节拍只有几十秒钟的流水线）也会给工人带来严重的负面影响。如表5－1列出的专业人口分工的利弊比较。专业化分工的问题是需要确定专业化分工细分到什么程度是合理的；超过了这个程度，弊就大于利，就意味着分工过细了。

表5－1　专业化分工的利与弊

	管理方面	工人方面
专业化的好处	(1) 培训员工简单 (2) 容易招到新工人 (3) 工作效率高 (4) 工人容易替代，工资低 (5) 工作过程容易控制	(1) 对产量所负的责任少 (2) 不需要过多的脑力劳动 (3) 所必须接受的教育少
专业化的弊端	(1) 质量责任难以分清 (2) 因工人不满造成损失： a. 离职补缺 b. 无故缺勤 c. 消极怠工 d. 怨言满腹 e. 有意扰乱生产过程	(1) 工作单调，工人容易疲劳 (2) 工人难以得到满足感 (3) 学习机会少，水平难提高 (4) 限制了工人的创造性

西方国家近来的研究认为，专业化分工的利小于弊。但这种观点纯粹是从人性的角度观察问题的。如果因为这种观点就放弃专业化分工将是十分危险的。事实上，工人想从工作中得到什么，他们愿意从事什么样的工作，差别是很大的。有些人不喜欢做需要他们参与决策的工作，有些人喜欢对于工作作出种种空想，而还有些人没有能力承担复杂的工作。但是，考虑到确实有比较多的工人受到专业化分工的不良影响，因此人们一直在设法解决工作设计中存在的这个问题。目前比较常用的方法有三个：一是工作内容丰富化，二是工作小组化，三是工作轮换。下面是关于这三种方法的详细介绍。

①工作内容丰富化。工作内容得到丰富以后，工人从事的工作面变得更宽。这样一来可以增加工人的工作的兴趣，减少疲劳程度。

工作内容丰富化有两种形式，如果工人仅仅是承担更多数量或种类的操作，就是水平方向的扩大；如果工人参与了有关于自己工作的计划、组织和检查，就是垂直方向的扩大。前者的作用在于消除工作的过分单调化，允许工人从事全部的作业；后者的作用在于扩大了工人在生产过程中的影响力，让他们担任部分管理自己的工作。

工作内容丰富化的结果是，使企业在提高质量和生产率方面得到了收益。质量得到明显改善的原因是十分简单的。当一名职工对自己的工作产生了责任感，他的主人翁意识就会增强，就会想把工作做得更好。另外，由于工作面宽了，他们对工作过程会了解得更多更深更好，更愿意寻找和乐于纠正错误，生产率也会得到提高。只是提高程度比预期的要低，不如质量改善那么显著，主要原因是工作内容增加以后，在转换工作任务时需要消耗一些时间。

②工作小组化。这种方法的原理与工作丰富化的原理相一致，不同的是这种方法着重于技术和工作小组内的配合协调。它的工作设计思想是，调整生产工艺所必需的技术，为一组工人或工作小组设计一套工作内容。这方面的研究工作表明，如果允许工人自己做作业计划、作业任务的分配、奖金计算等工作，他们就能够处理更多的事情，并且做得更好。**特别当生产现场需要做出很快的决策时，采取这种工作形式可以取得很好的效果。**

这种方式在许多发达国家的企业中得到应用，在服务性企业中也受到普遍重视。企业从中获得好处的原因与工作内容丰富化是相同的，他们创造了较好的质量和较高的生产率，承担部分的生产准备工作和设备维护工作，因而有更多的机会开展富有意义的改善活动。

③工作岗位轮换。在那些无法用重新设计的方法来克服专业化分工产生弊端的岗位，工作岗位轮换法是个好办法。工作岗位轮换法可以让工人在某个单调乏味的工作岗位上干了一段时间以后，把他调离，去干另一种工作。这样一来可以有效缓解由于专业化分工带来的负面影响，对管理人员作岗位轮换也有积极意义。

总之，在现代社会中，员工的心理因素是不可忽视的重要因素。由于员工自己更了解自己，因此，在工作设计时，如果让员工参与设计是有益的。他们参与这项工作，能够使他们更好地理解工作的目标和要求，也就更容易取得他们的支持和配合。

（2）工作设计中的生理因素

工作设计除了心理因素以外，另一个要考虑的是员工的生理因素。如果一项工作更多地取决于人的体力，生理因素就会变得十分重要。一般而言，当一项工作设计使得人从生理上感到十分费劲，甚至无法胜任，那么无论采取什么激励措施都不会产生好的效果。有关这方面的研究属于工作生理学的研究范畴。在工作设计时，要根据员工体力消耗的程度，为各种不同体力消耗的作业制定工作期间的休息标准时间。很明显，体力消耗越大的工作，在工作期间需要休息的次数越多，时间也越长。本书不作这方面的详细讨论，如有需要的读者可参看有关文献资料。

二、工作测量

1. 工作测量概述

（1）工作测量的含义

工作测量是企业管理的一项基本工作，**它是通过运用科学的方法来确定合格工人在规定的作业标准和工作时间内所应完成的工作量，以减少乃**

至消除工作活动中的无效作业时间，提高工作效率。

工作测量的研究起源于科学管理期间提出的“时间研究”与“动作研究”工作。其后，“动作经济原则”等方面的研究使之更趋完善。及至现代，对于工作测量的研究又有了许多新的发展，如“工作简化研究”、“方法时间测量”和“预定动作时间标准”等方面的一系列研究贡献。现在，包括工作测量在内的各种有关提高工作效率的工作活动分析研究与生产过程分析研究，已形成了管理学科中的一个分支，被称之为作业系统工程或工作研究。

（2）工作测量的意义与作用

工作测量为各项管理活动提供了一个基础服务，是实现最佳管理的有效手段之一，其作用与意义主要表现在以下几个方面。

①工作测量是编制生产计划、组织生产活动过程的基础，也是确定产品成本、进行经济核算的依据。**工作测量可以改进和提高组织管理的水平。**

②工作测量是进行合理的工作安排，保持工序间的平衡，调整工作负荷，决定作业人员与机器的比例，提高人员与机器利用率的依据。工作测量可以改进和提高作业管理的水平。

③工作测量是改进工人操作方法、改进操作技能、提高工作效率的基本手段，也是用于比较、确定不同作业方法的优劣，选择理想的、耗时最少的工作方法。工作测量可以改进和提高工人的工作方法水平。

④工作测量是建立作业标准、确定劳动定额与工作报酬的基础。企业可根据工作测量结果进行工作绩效评估，奖优罚劣，激励职工。工作测量可以改进和提高人事管理的水平。

（3）影响工作测量的因素

工作测量必须在“标准工作状态”下进行，否则就会出现测量误差。影响工作测量的因素主要有。

①工作设备状况。良好的正常工作状态的设备下的状况，是进行工作测量的必要条件。不同的设备状况，对工人的操作速度有很大影响。因此，当工作测量涉及某些机器设备时，应了解其状况、确定其效能、鉴定其品质，以免影响工作测量的准确性。

②工作人员状况。工作测量以人的工作活动为对象，因此，人员状况亦极大影响着工作测量的结果。其中，工作技能的熟练程度、工作的努力程度、工人对工作测量的态度以及与测量人员的相互配合度等指标都是重要的影响因素。

③工作有关因素状况。工作中的各种不同有关因素，如工作质量要求，工作准备状况，原材料、加工件的品质状况，工作场所的环境条件，工作作息制度等，都会在一定程度上影响工作测量。

总之，工作测量受到工作中多方面因素的影响，为了减少工作测量的误差、提高工作测量的准确性，必须充分考虑各种因素的影响，尽量在一个“标准工作状态”中做出测量。

2. 动作因素分析

（1）动作因素分析概述

动作分析所依据的思想是：人体动作可按动作的目的，分为各种不同的动作因素；以动作因素描述工作操作，可以对工作活动做出极为精确细致的分解，进而利用动作经济原则分析动作单元；去除无效多余的动作，可以更好地改进工作操作，提高工作效率。而动作分析加上时间量值，则更进一步为工作测量提供了有效的帮助。

动作分析的开创者为吉尔布雷斯夫妇，他们通过分析建筑工人砌砖动作的特点，改进了动作和工具，取得了提高工作效率近3倍的效果。**他们的主要思想是：细致严格的分析可以很好地改进工作方法，较好的工作方法是动作较少的方法**。吉尔布雷斯夫妇还提出了许多进行工作分析研究的方法。在他们的研究基础上，人们采用现代技术，进一步完善和发展了动作分析，使之成为管理工作的一个重要组成部分。

动作分析方法主要有以下三种。

①目视动作分析。通过直接观察操作者的动作，记录下其基本动作，然后分解动作元素，进行动作合理性评估，确定合理动作和操作规程。这种方法较为简便，但显得有点粗糙。

②动素分析。把整个操作活动细分为一些基本的动作元素，然后逐项

进行分析，删除多余动素，组合有用的动素，制定出新的动作操作规程。这种方法比较适用于重复多、周期短的手工操作活动分析。

③影像分析。运用摄影或录像手段，记录分析细微动作，可以很好地了解分析一些快速、复杂的动作以及身体各部位的相互动作关系。这种方法不仅具有客观性与重现性，还能进行整体分析，使动作分析的质量大幅提高，是目前应用最为广泛的动作分析方法之一。

(2) 基本动作元素分析

基本动作元素，是动作的最小自然分割单位，是构成“动作”的基本要素。在一般的手工操作活动中，操作动作可被分解为 18 个基本动作元素。其中 6 个是准备动作，分别为寻找、发现、选择、检查、预置和计划；8 个是必要的基本动作，分别为空手移动、荷物移动、抓握、定位、装配、拆卸、使用和放手；4 个是静止动作，分别为握持、不可避免的延误、可避免的延误和休息。一般情况下，必要的基本动作元素属于操作活动中的有效因素，可设法使其缩短时间，组合成合理的动作系列。**准备动作和静止动作并不直接关系到操作的进行，应尽可能减少或删除。**

(3) 动作经济原则

动作经济原则，是通过无数经验总结得出的一些利用人的机能潜力，提高有效工作量，减少工作疲劳的基本方法原则。该原则旨在改进工作动作，提高工作效率。最早提出动作经济原则的是吉尔布雷斯夫妇。之后，巴恩斯等人又对其作了重要的修订与补充，并将其综合总结为 3 大类 22 项，这些原则分别如下。

①人体机能方面。原则如下：

- 双手应同时开始并同时完成动作；
- 除规定的休息时间外，双手不应有同时空闲；
- 双臂的动作应对称、反向、同时运动；
- 在得心应手的前提下，手的动作应尽量采用较低强度的运动；
- 应尽可能利用物体的运动力，但如果需要制止物体的运动，则应将其动力减至最低限度；
- 自然的动作比受约束、受控制的运动更加轻快、便捷和精确；

• 连续的曲线式运动较方向突变的直线运动为佳；

• 良好的节奏能使活动更为从容流畅，因此，动作应尽可能具有轻松自然的节奏。

②操作场所布置方面。原则如下：

• 工具物料应放置在固定位置，减少无谓的寻找；

• 工具物料及操作装置应尽量放在工作者前方近处手活动的最佳范围内；

• 零件物料的供给，应利用其重力尽可能送到使用位置上；

• 已完工的工件应尽量采用"堕落传送"和工具传送的方法；

• 工具物料应按最佳工作顺序排列；

• 提供充足舒适的照明，减轻眼部疲劳；

• 工作场所的颜色，应与工作件的颜色有明显差别，以提高视觉效率；

• 工作台与工作椅的形状与高度，不仅应能使工作者保持良好的工作姿势，还应能使工作者坐立适宜，使工作者能交替坐立。

③工具设备方面。原则如下：

• 尽量解除手的工作并以夹具或足踏工具取代；

• 如有可能，应尽量将两种或多种工具组合，以减少工具的调换；

• 工具物料，应尽可能预先放置在工作点位上；

• 手指分别工作时，各手指应按其能力分配适当负荷；

• 手柄的设计，应尽可能使手与手柄的接触面加大；

• 杠杆、十字舵把和手轮的位置摆放，应使工作者在使用时较少改变身体姿势，同时又能获取较大的"机械力"。

根据动作经济原则，大致可从以下三个方面来考虑动作的改善。

①提高人体机能利用水平。提高人体机能利用水平的手段主要有三方面。

a. 尽量采用双手同时操作的方式。许多人在工作中习惯于单纯依靠右手而将左手闲置，或只分配左手一些辅助工作。实际上左手效率一般可达到右手的80%以上，将左手闲置不用是相当不经济的。如果两手同时操作，一般应在工具设施与操作方法上作相应设计，工人必须接受专门训练。两手同时使用时，应尽量采用对称、反向的路线，使双手保持比较自然和谐的状态。

b. 尽量采用较低级别的动作类型，以提高人体机能利用水平，改进动作的经济性与效率。一般来说，人体的动作可分为 5 级，分别为手指动作，手和手指动作，前臂、手和手指动作，上臂、前臂、手和手指动作，躯干、上臂、前臂、手和手指动作。**动作级别越高，参与活动的身体部位越多，动作费力越大**。在动作改善中，应注意工具设施设计与工作场所布置的特点，适度紧凑排列，尽量按顺序形成一定的工作流程线，以降低操作者的动作类型级别，特别是应尽量设法避免第 5 级动作类型。

c. 尽量减轻手的负荷。工作操作以手的负担最重。许多时候，手的使用被浪费在一些较低层次的工作中，如搬运、握持等，没有能够充分发挥手的作用。在动作改善中，应尽量利用工具或人体其他部位，减轻手的工作负荷。例如，利用工作器具握持工件，利用足踏板进行简单重复性的操作等。

②节约动作量。节约动作量要从以下两点入手。

a. 减少动作单元。动作单元的减少可直接节约动作量。在动作改善中，应通过动作分析，尽量删除不必要的、无效的动作单元，设法将两种或两种以上的动作单元结合起来；还可考虑改变动作顺序，重新组合动作过程，以节省动作。

b. 工具设施的利用与排列。工具的正确使用可有效地提高工作效率，节约动作量。在动作改善中，首先，应设法改进工具设施，使之更加适合使用，如设计专用工具，组合多种工具于一体等。其次，应根据工作需要，把工具、零件和材料按操作顺序安放于适当位置，使其处于马上可以工作的状态，以减少寻找和选择时间。

③减少引起疲劳的因素。减少引起疲劳的因素主要有三个方面。

a. 人员因素方面。工作动作应尽量采用自然的、无约束的、连续的曲线式运动方式；动作活动应以轻松流畅的节奏运行，速度适中、稳定；尽量避免身体重心上下移动的动作和不自然的姿势；高强度作业一段时间后应及时休息，或轮换工作。

b. 工作器具方面。改进工作器具的形状、重量和表纹，使之更为称手、更方便操作，并且应改善那些在使用时需高度集中精力的器具。

c. 工作场所方面。应尽量将站姿作业改为坐姿或坐立交替式作业，改善照明与微气候，降低噪声，改善工作台、椅，使之配合得当，使操作面符合人体特性。

3. 工作设计的基本方法

（1）劳动专业化

劳动专业化是指减小工作范围或减少工作内容的过程。劳动专业化程度越高，所包含工作范围就越窄，工作的重复性就越强。

200 多年前，亚当·斯密在其著作《国富论》中以针的制造过程为例，论述了劳动分工或专业化的作用：**与每一个人都担当一件产品从头到尾的制造相比，如果把制造过程分为若干个工序，使每个人都只担当其中的一个工序。由于工人工作的熟练度大大提高，其工作效率也会高得多。**

亚当·斯密的这一分工论成了近代产业革命的起点。随着科学技术的进步，诞生了以分工为基础的机械化生产方式，即大量生产方式。近 100 年来，以福特汽车公司的创始者亨利·福特创造的生产线为起点，几乎所有的企业都在机械化基础上采用了这种劳动分工方法。不仅是生产线，随后，这种劳动分工思想还进一步扩展到了企业的事务管理部门和经营决策部门，由此产生了企业的各个职能部门以及生产、财务、市场、技术等各种专门职能人员。直至 20 世纪 80 年代末，这种以劳动分工为主导思想的工作方法一直是各个国家各个企业的通行工作模式。

下面来简单介绍一下劳动专业化的优缺点。

①劳动专业化的优点。具体如下：

- 工作人员只需较少的时间就可掌握工作方法和步骤；
- 工作人员具有较高的熟练程度，工作速度较快、产出高；
- 对工作人员的技能和受教育程度的要求较低，人员来源充分，工资水平也不高。

②劳动专业化的缺点。具体如下：

- 工作任务的细分化不容易做得完美，从而会导致工作量的不平衡，工作人员忙闲不均；

- 由于工作环节增多，不同环节之间要求有更多的协作，物流、信息流都较复杂；
- 简单和少的工作技能导致工作人员缺乏对其他工作的适应性或柔性；
- 工作的高度重复性容易导致工作的单调，造成工作人员的士气低下、效率和质量降低等不利的行为结果。

（2）职工职业发展计划法

职工职业发展计划法（Personal Performance Development File）将所有员工的个人发展同企业的发展紧紧地联系在一起，使公司的目标转化为个人目标，在员工中形成合力，使得员工为了企业的目标去努力实现自我价值。

职工职业发展计划法要求员工所在单位的管理者能够为员工设计发展计划，使他们对个人一生设想的职业生涯计划都建立在现实的、合理的基础上，并且通过必要的培训、职务设计及有计划的晋升或职务调整，为员工个人的职业生涯发展创造有利条件。

①职工职业发展计划法的作用。具体如下：

- 更好地了解员工，有利于人事的匹配；
- 使员工感觉到自己受到重视；
- 使员工产生积极上进的心态；
- 可以适当引导员工，使个人目标和组织目标更好地统一；
- 降低了员工的失落感和挫折感；
- 稳定员工队伍。

②职工职业发展计划的方向。具体如下：

- 纵向发展，即员工职务等级由低级到高级提升；
- 横向发展，指在同一层次不同职务之间的调动；
- 决策权发展，虽然职务没有晋升，但是却担负了更多的责任，有了更多参加单位的各种决策活动的机会。

以上这几种发展都代表着个人发展的机会，可以不同程度地满足员工的发展需求。

③职工职业发展计划的运用。职工职业发展计划的制定是基于对员工工作经历的一种连续性考察。**它既包含员工现在的目标，也包含员工将来的目标及可能达到的目标。同时它还指出要达到这些目标应具备的能力、技术及其他条件。**

职工职业发展计划的制定过程实际也是对员工档案的不断调整过程。员工的档案内容包括以下几个方面。

a. 个人情况。具体如下：

- 个人简历；
- 文化教育；
- 学历情况；
- 曾接受过的培训；
- 工作经历；
- 有成果的工作经历；
- 评估小结。

b. 现在的行为。具体如下：

- 现时工作情况；
- 现时行为管理文档；
- 现时目标；
- 现时目标的实现指南。

c. 未来的发展。具体如卜：

- 3～5年职业目标；
- 所需要的能力、知识、技术、技巧、能力和经验；
- 发展行动计划；
- 发展行动日志。

职工职业发展计划法是一个简单易行的方法，该方法拥有广阔的运用前景。

（3）团队工作方式

团队工作方式与以往每个人只负责一项完整工作的一部分（如一道工

序，一项业务的某一程序等）的工作方法不同，而是由数人组成一个小组，共同负责完成这项完整工作的。**在小组内，每个成员的工作任务、工作方法以及产出速度等都可以自行决定。**在有些情况下，小组成员的收入还与小组的产出挂钩，这样一种方式就称为团队工作方式。其基本思想是使全员参与，从而调动每个人的积极性和创造性，使工作效果尽可能好。这里工作效果系指效率、质量、成本等的综合结果。

②团队工作方式与传统的泰勒式工作分工方式的区别。团队工作方式与传统的泰勒式工作分工方式的主要区别如表5－2所示。团队工作方式最早可以追溯到20世纪二三十年代。在现代管理学中，则是指20世纪80年代后半期才开始大量研究、应用的一种人力资源管理方法。团队工作方式实际上是一种工作方法，即如何进行工作。因此，在工作设计中有更直接的参考意义。

表5－2　泰勒式工作方式与团队工作方式的对比

泰勒式工作方式	团队工作方式
最大分工和简单工作	工作人员高素质、多技能
最少的智能工作内容	较多的智能工作内容
众多的从属关系	管理层次少，基层自主性强

③团队工作方式的形式。团队工作方式也可以采取不同的形式，以下是3种常见的方式。

a. 解决问题式团队。这种团队实际上是一种非正式组织，它通常包括七八名或十来名自愿成员，他们可以来自一个部门内的不同班组。成员每周有一次或几次碰头，每次碰头时长几小时，用于研究和解决工作中遇到的一些问题，例如质量问题、生产率提高问题、操作方法问题、设备和工具的小改造问题（使设备、工具使用起来更方便）等，然后提出具体的建议，提交给管理决策部门。这种团队的最大特点是：他们只提出建议和方案，但并没有权利决定是否实施。这种团队在20世纪70年代首先被日本企业广泛采用，并获得了极大的成功，日本的QC小组就是采用这种团队的最典型例子。这种方法的使用对于提高日本企业的产品质量、改善生产系统、提高生产率起了极大的作用。同时，对于提高工作人员的积极性，改善职工之间、职工与经营者之间的关系也起了很大的作用。这种思想和方法首先被日本企业带到了他们在美国的合资企业中，并在当地的美国工人中运用，同样取得了成功。因此，其他美国企业也开始效仿，进而又扩展到其他的国家和企业中，并且在管理理论中也开始对这种方式加以研究和总结。

这种方式有很多优点，但也有其局限性。**因为它只能建议，不能决策，又是一种非正式组织，所以，一旦这样的团队所提出的建议和方案被采纳的比率很低，这种团队就会逐渐消亡。**

b. 特定目标式团队。这种团队是为了解决某个具体问题，达到一个具体目标而建立的。例如，一个新产品开发，一项新技术的引进和评价，劳资关系问题，等等。在这种团队中，其成员既有普通职工，又有与问题相关的经营管理人员，团队中的经营管理人员拥有决策权，也可以直接向最高决策层报告。因此，他们的工作结果——建议或方案可以得到实施，或者，他们本身就是在实施一个方案，即进行一项实际的工作。这种团队不是一个常设组织，也不是为了进行日常工作，而通常只是为了一项一次性的工作而设立。因此，特定目标式团队实际上类似于一个项目组（项目管理中常用的组织形式）。这种团队的特点是，易于一般职工与经营管理层沟通，使一般员工的意见能直接反映到决策中。

c. 自我管理式团队。这种方式是最具完整意义的团队工作方式。上述第 1 种方式是一种非正式组织，其目标只是在原程序中改善任务，而不是建立新程序，也无权决策和实施方案。第 2 种方式主要是为了完成一些一次性的工作，类似于项目组织。而在自我管理式团队中，由数人（几人至十几人）组成一个小组，共同完成一项相对完整的工作，小组成员自己决定任务分配方式和任务轮换，自己承担管理责任，诸如制订工作进度计划（人员安排、轮休等）、采购计划、甚至临时工雇用计划，决定工作方法等。在这种团队中，包括两个重要的新概念。

一是员工授权。即把决策的权力和责任层层下放，直至每一个普通员工。如上所述，以往任务分配方式、工作进度计划、人员雇用计划等是由不同层次、不同部门的管理人员来决定的，现在则将这些权力交给每一个团队成员，与此同时，相应的责任也由他们承担。

二是组织重构。这种组织重构实际上是将权力交给每一个职工的必然结果。采取这种工作方式后，原先的班组长、工段长、部门负责人（科室主任、部门经理等）等中间管理层几乎都没有必要存在了，他们的角色将由团队成员自行担当。因此，整个企业组织的层次变少，变得“扁平”。

这种团队工作方式是近几年才开始出现并被采用的。这种方式在美国企业中取得了很大成功，在制造业和非制造业都有很多成功事例。

4. 工作测量方法

（1）现场观测法

现场观测法具体有以下三种方法。

①秒表测时法。秒表测时法（Time Study System）是一般以工序为研究对象，运用时间测量工具直接测量某个工序完成某项工作的各个操作单元所消耗的时间的计时方法。**测量工具通常使用十进制分钟秒表和十进制小时秒表，对作业的操作时间作反复多次的测量，以求得准确的数据。**

运用秒表测时法来进行时间测定的基本程序是：首先确定工序作业的标准操作方法；接着将操作过程分解成若干小的单元，并确定“定时点”（定时点是前一个操作单元结束、后一个操作单元开始的分界点，也是划分各个操作单元之间的界限）；然后用秒表测量每个操作单元的时间，重复测量多次并计算出平均值；最后将单元时间平均值相加，即可得到该工序操作过程的观测时间值。表 5－3 就是某零件的测时观察记录表。

表 5－3　　某零件测时观察记录表

序号	工序划分	定时点		观察次数								合计	平均延续时间	影响因素
				1	2	3	4	5	6	7	8			
1	取零件套在心轴上	手离零件	终止	0.10	(1)51	(2)87	(4)26	(5)67	(6)93	(8)52	(10)07	0.92	0.115	毛坯重量 0.5kg 移动 0.8m
			延续	0.10	0.11	0.12	0.11	0.14	0.09	0.14	0.11			
2	装上垫圈拧紧螺母	手离扳手	终止	0.35	(1)78	(3)10	(4)50	(5)90	(7)35	(8)75	(10)35	(1)73	0.247	拧紧螺母长度 10mm
			延续	0.25	0.27	0.23	0.24	0.23	－	0.23	0.28			
3	开动机床	主轴开转	终止	0.37	(1)80	(3)12	(4)51	(5)92	(7)37	(8)77	(10)37	0.14	0.020	摩擦离合器手柄
			延续	0.02	0.02	0.02	－	0.02	0.02	0.02	0.02			
4	移动刀架准备吃刀	刀触零件	终止	0.42	(1)84	(3)17	(4)55	(5)95	(7)41	(8)82	(10)41	0.34	0.043	转速 447(转/分)车 60mm
			延续	0.05	0.04	0.05	0.04	0.03	0.04	0.05	0.04			
5	吃刀车削	切削终止	终止	0.87	(2)26	(3)61	(5)00	(6)39	(7)83	(9)27	(10)86	(3)52	0.440	去刀量 0.31mm 吃刀深度 mm
			延续	0.45	0.42	0.44	0.45	0.44	0.42	0.45	0.45			

表5－3(续)

序号	工序划分	定时点		观察次数								合计	平均延续时间	影响因素
				1	2	3	4	5	6	7	8			
6	停止进给退刀	手离手柄	终止	0.94	(2)32	(3)66	(5)06	(6)64	(7)87	(9)32	(10)91	0.45	0.056	
			延续	0.07	0.06	0.05	0.06	0.07	0.04	0.05	0.05			
7	停车退出刀架	手离摇把	终止	(1)07	(2)44	(3)82	(5)19	(6)56	(7)99	(9)44	1(1)05	0.85	0.123	纵向移动100mm
			延续	0.13	0.21	－	0.13	0.10	0.12	0.12	0.14			
8	松开螺母取下垫圈	手离扳手	终止	(1)35	(2)17	(4)08	(5)47	(6)78	(8)27	(9)89	1(1)51	(1)59	0.265	退出长度100mm
			延续	0.28	0.27	0.26	0.28	0.22	0.28	－	－			
9	取下零件放适当地方	手离零件	终止	(1)40	(2)75	(4)15	(5)53	(6)84	(8)38	(9)96	1(1)57	0.41	0.059	距离0.8m
			延续	0.05	0.04	0.07	0.06	0.06	－	0.07	0.06			
总计													(1)368	

从表5－3中可以看出，加工该零件的操作时间为（1)368分。把这个观测时间进行分析评定，可以制定出标准时间，其计算公式为：

标准时间＝（观测时间×评定系数）＋宽放时间

②工作日写实法。工作日写实法是研究工作日内时间利用情况的一种分析方法。具体做法是将作业者在工作轮班的工作内容和时间消耗按照时间顺序记录下来，进行整理分析，找出工时损失原因，然后采取相应措施加以改进，以达到提高工时利用率的目的。工作日写实的资料经过整理分析，可以作为制定布置工作地的标准时间、休息与生理需要的标准时间、准备与结束的标准时间的依据。

③工作抽样法。工作抽样法也叫瞬时观测法。它是由研究人员选择随机时刻对现场操作者或设备的工作情况进行瞬时观察，记录其从事某类工作出现的次数，运用概率及数理统计方法，通过可靠度和准确度计算，推定观察对象的整体工作状况的方法。**工作抽样法的分析研究结果，可用于制定时间定额中各类工时消耗的比例，为确定作业标准时间提供依据。**

工作抽样的基本步骤如下：

- 选择观测对象。指人还是机器设备；
- 向被观测的单位负责人和职工讲清目的和要求；
- 确定观测项目。可按工时消耗分类中的六大类划分具体项目。在每一类中确定什么项目，视需要而定；
- 按照随机抽样的原则确定观测时刻；
- 确定观测次数。观测次数是运用数理统计原理，按抽样所期望的可靠度和准确度来确定的。

（2）既定时间法

①既定时间法的含义和种类。既定时间法（Predetermined Motion Time Standard，简称 PTS）是不使用秒表，只需记录动作，利用现成的动素时间标准制定作业时间标准的方法。既定时间法的具体应用有多种方法，这些方法与其基本原理相同，但在构成的基本动作及动作速度方面有所不同。常用的方法有“方法时间衡量”法（Methods Time Measurement，简称 MTM 法）和工作因素法（Work Factor，简称 WF 法）。MTM 法是把操作分解为伸向、移动、抓取、定位、放下、行走等动素，预先确定每种动素的时间值，并且排列成表，其时间单位为 TMU = 0.036 秒。WF 法则把操作分解为八个动素，即移动、抓取、放下、定向、装配、使用、拆卸和精神作用，并制定出八种动素的时间标准表，其时间单位为 0.006 秒。

②应用 MTM 法或 WF 法的步骤。应用 MTM 法或 WF 法的步骤如下：

- 把作业分解为动素，并设计出合理的操作方法；
- 根据作业的动素和完成动作的困难程度查表，得出各动素的相应时间值；
- 将各动素的时间值合计，制定出作业的标准时间。

既定时间法的优点是不需要对操作者的工作进行现场测时和评定就可以确定标准时间。但采用这种方法需要技术较高的专业人员来进行。

（3）标准时间资料法

标准时间资料法是在长期进行秒表测时的基础上，将系统积累的资料加以分析综合，编成一套有关各项工作或作业的标准时间数据，并用这种标准数据来综合制定各种工作标准时间的方法。它的优点是可以减少时间研究的工作量。**这套标准数据是在大量研究的基础上积累而成，可以避免数据中的偶然误差，比较可靠**。但在建立标准数据时，要花费较多的人力、物力和时间。

第六章
生产计划

生产计划为公司提供了抓住全球市场份额的有效竞争武器，在世界级的大企业里，管理者们将生产安排得很好，因为他们知道安排什么，如何安排以及作此安排的原因。

——［美］巴里·雷德

一、生产计划概述

1. 生产计划系统结构

生产计划是任何一个企业组织生产活动的依据。现代化企业的生产是社会化大生产，企业内部有细致的分工和严密的组织体系。如果没有一个统一的计划站在企业全局的高度来协调和指挥生产活动，企业就无法进行正常的生产经营活动。**根据不同组织层次管理目标的不同，生产计划也被分为不同的层次，每一层次都有其特定的内容。**如图 6 – 1 所示的就是生产计划系统结构示意图。

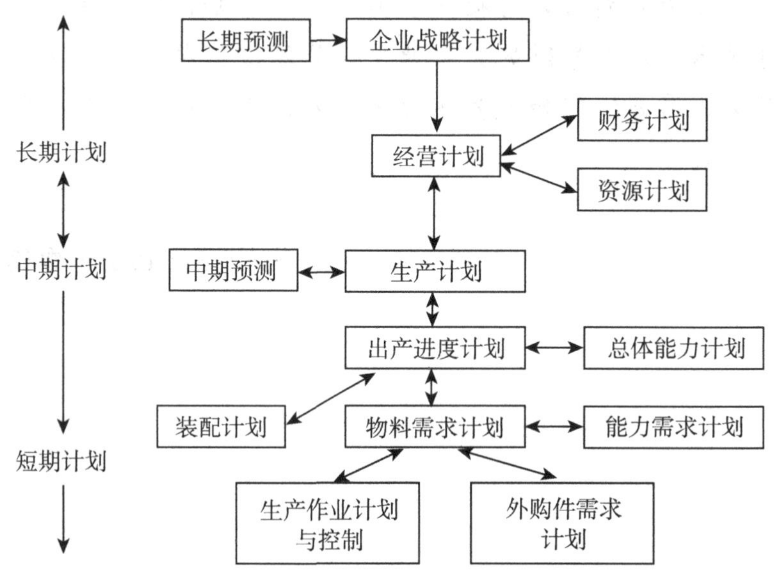

图 6 – 1　生产计划系统的一般结构

长期计划是由企业的最高层管理部门制订的计划。它涉及产品发展方向、生产发展规模、技术发展水平、新生产设施的建造等。一般跨度期限为 3 ~ 5 年。中期计划是由企业中层管理部门制订的计划，确定出现有条件下生产经营活动应该达到的目标，如产量、品种、产值、利润等，具体表现为生产计划、总体能力计划和产品出产进度计划。时间跨度为 1 ～ 2 年。

短期计划是由执行部门编制的计划，确定日常生产经营活动的具体安排，常以物料需求计划、能力需求计划和生产作业计划等形式来表示。

2. 生产计划指标体系

生产计划的主要任务是回答生产什么、生产多少、何时生产等问题，具体内容由一系列的指标表示，故被称为生产计划的指标体系。生产计划指标体系的主要内容有品种指标、产量指标、质量指标、产值指标和出产期。

(1) 品种指标

品种指标是指企业在计划期内出产产品的品名、规格、型号和种类数。它涉及“生产什么”的决策。确定品种指标是编制生产计划的首要问题，关系到企业的生存和发展。

(2) 产量指标

产量指标是指企业在计划期内出产的合格品数，它涉及“生产多少”的决策，关系到企业能获得多少利润。

(3) 质量指标

质量指标是指企业在计划期内产品质量应达到的水平，常采用“一等品率”“合格品率”“废品率”等指标来表示。

(4) 产值指标

产值指标是指企业在计划期内应完成任务的货币表现。**根据具体内容和作用的不同，分为商品产值、总产值、净产值等。**

(5) 出产期

出产期是指为了保证按期交货确定的产品出产日期。正确地决定出产期很重要。因为出产期太紧，保证不了按期交货，不但会给用户带来损失，而且企业自己的信誉也受损。出产期太松，不仅不利于争取用户，还会造成生产能力的浪费。

3. 生产计划的制订步骤

（1）制订生产计划的一般步骤

制订生产计划的一般步骤如图 6－2 所示。生产计划环境的主要影响因素如图 6－3 所示。

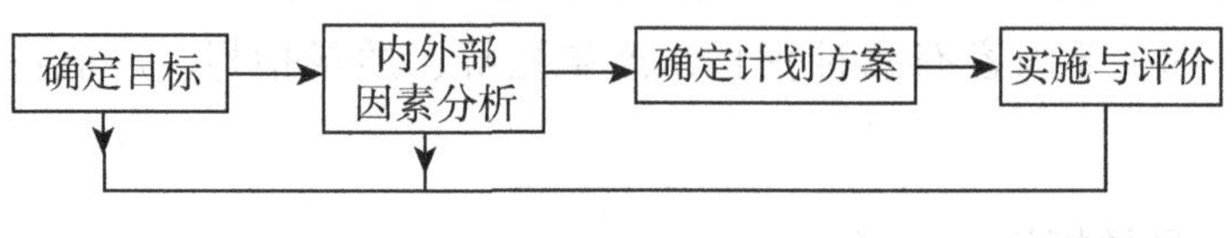

图 6－2　制订计划的一般步骤

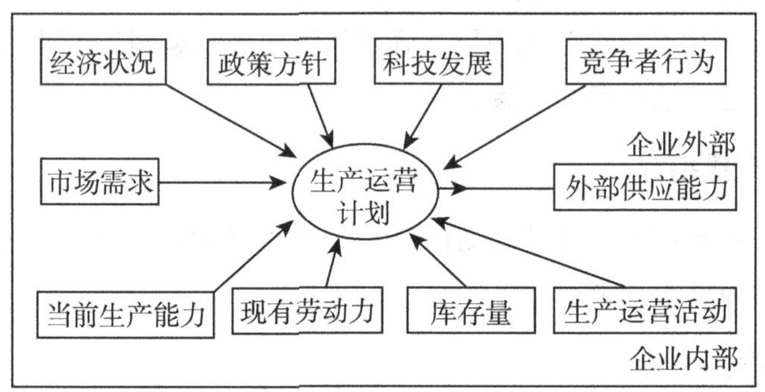

图 6－3　生产计划环境的主要影响因素

（2）滚动式计划的编制方法

编制滚动式计划是一种编制计划的新方法。这种方法可以用于编制各种计划。

按编制滚动计划的方法，整个计划期被划分为几个时间段。其中第一个时间段的计划为执行计划，后几个时间段的计划为预计计划。执行计划较为具体，要求按计划实施。预计计划比较粗略，每经过一个时间段，根据执行计划的实施情况以及企业内、外条件的变化，对原来的预计计划还需作出调整与修改，原预计计划中的第一个时间段的计划也将变成执行计划。比如，2004 年编制 5 年计划，计划期从 2005—2009 年，共 5 年。若将 5 年分成 5 个时间段，则 2005 年的计划为执行计划，其余 4 年的计划均为预计计划。当2005年的计划实施之后，又根据当时的条件编制2006—2010年的5年计划，其中2006年的计划为执行计划，2007—2010年的计划为预计计划，依次类推。**修订计划的间隔时间称为滚动期，它通常等于执行计划的计划期**。如图6－4所示为编制滚动计划示例。

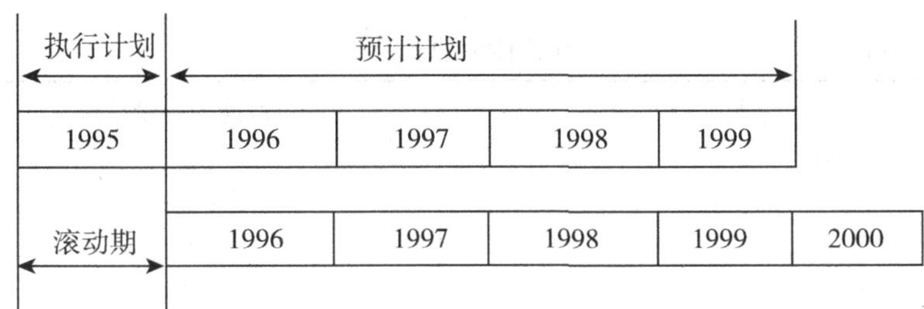

图6－4 编制滚动计划示例

滚动式计划方法有以下优点。

①计划的严肃性和应变性都得到保证。因执行计划与编制计划的时间接近，内、外条件不会发生很大变化，可以基本保证任务的完成，体现了计划的严肃性；预计计划允许修改，体现了其应变性。如果不是采用滚动式计划方法，一旦第一期实施的结果出现偏差，以后各期计划如不做出调整，计划就会流于形式。

②提高了计划的连续性。逐年滚动，自然形成新的5年计划。

二、生产能力及其规划

1. 生产能力

生产能力是指企业的固定资产或作业人员，在一定时期内和一定的技术组织条件下，经过综合平衡后所能生产一定种类产品的最大数量。

根据不同情况，生产能力分为设计能力、查定能力、现实能力等。设计能力是新建或扩建企业时设计任务书中规定的生产能力；当企业产品方案、设备条件和技术组织发生较大变化后，原有设计能力已不能反映实际情况，应重新调查和核定生产能力，就是查定能力；现实能力是计划年度内实际可达到的能力，是编制生产计划的依据。

(1) **生产能力的表示**

大部分情况下，生产能力都可以用企业生产的产品或提供服务所需设施来表示，如表6－1所示。

表6－1　　生产能力的表示

企业类型	生产能力计量单位
汽车制造厂	辆
炼油厂	吨或桶
发电厂	千瓦时
造纸厂	吨
航空公司	客位数
旅店	客房数
超级市场	出口收款台数
仓储服务公司	平方米
网球俱乐部	网球场数
百货公司	平方米

对于流程式生产，生产能力是一个比较准确和清晰的概念，生产能力通常用出产的产品数量表示。而对加工装配式生产，生产能力则是一个模糊的概念。不同的产品组合，表现出的生产能力不一样。**大量生产，品种单一，可用具体产品数表示其生产能力；对于成批生产，品种数少，可用代表产品表示其生产能力；对于多品种生产，则只能以假定产品表示其生产能力。**

(2) **生产能力的计算**

生产能力的计算。分为对设备组生产能力计算和对人力生产能力的计算。

设备组生产能力计算的公式为：

$$M=\frac{F_e \cdot S}{t}$$

其中 t 的取值 $\begin{cases} t \text{ 为具体产品的单件工时} \\ t_d \text{ 为代表产品的单件工时} \\ t_j \text{ 为假定产品的单件工时} \end{cases}$

式中：M——设备组的生产能力；

F_e——单台设备有效工作时；

S——设备台数。

例如，用表6－2的产品数据，再设某设备组有5台设备，单台设备的年有效工作时间为4650小时，分别按代表产品法和假定产品法计算某计算某设备组的能力。按代表产品法（注意到代表产品为C），设备组的能力为：

$$M = F_e \cdot S/t_d = 5 \times 4650/40 = 58\ (1)\ 25$$

按假定产品法［注意到假定产品的单台工时为3（6）67］，设备组的能力为：

$$M = F_e \cdot S/t_d = 5 \times 4650/3\ (6)\ 67 = 63\ (4)\ 03$$

人力生产能力计算。对于以手工操作为主的场合，如大部分的服务业企业，则应计算人力生产能力。计算公式为：

$$C_p = \alpha\ (1 + \beta)\ MT$$

式中：C_p——生产能力（小时数）；

α——出勤率；

M——换算人数（将不同技术等级的工人换算为以标准技术等级表示的人数）；

T——计划期制度工作时间；

β——间接作业率（非生产时间与T的比值）。

(3) 生产能力与生产任务平衡

计算生产能力的目的是为了衡量生产计划的可行性。因此，要进行生产能力与生产任务的平衡。**如果生产能力满足不了计划任务的要求，应采取一定的措施扩大生产能力；如果生产能力大于计划任务，则应设法利用生产能力，以免造成无端的浪费。**生产能力与生产任务的平衡的方式有产量平衡和时间平衡。图6－5是一个产量平衡的图解例子。从图中可以看出：2、3、4三个季度能力略显不足，1季度能力有盈余。有了平衡分析，计划人员就可以做到心中有数，采取措施安排好生产能力。对于能力不足的时段，要提出相应的需求计划，落实生产单位所能提供的能力。对于能力有富余的时段，要尽可能加以利用。

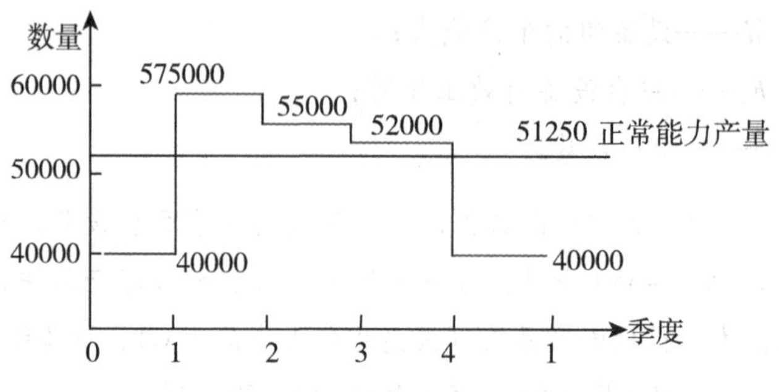

图 6－5　生产能力与计划出产量比较

2. 生产能力规划

从企业发展的角度出发，管理人员还应根据中长期需求预测和中长期生产计划，做好扩大生产能力的规划，以使企业获得长期利润最大化。这是生产战略中的一个重要内容。

制订生产能力规划时，企业应考虑扩大生产能力所需要的投资和机会成本之间的平衡。一般而言，扩大生产能力必须增加一定的投资，还需增加生产能力运行期间的维护费用。这些都会增加产品成本，这就是能力扩大成本。另一方面，如果不增加生产能力，则会失去一部分市场份额和销售收入，给企业带来一定的损失，这种损失就是机会成本。生产能力规划就是要综合考虑这些成本，寻求最佳方案。如图 6－5 所示是能力扩大成本和机会成本对未来能力大小影响的示意图。

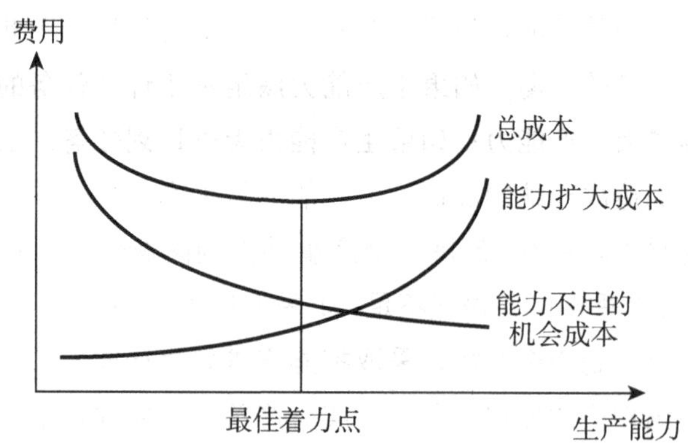

图 6－6　两种成本对未来能力大小的影响

这种方法有一个假设，即最佳生产能力的大小在一定时间内是不变的。其优点是，扩大生产能力的投资只需要发生一次，企业就可以适应各种产量规模的生产要求。但其缺点是：其一，如果预测不准，企业的风险比较大。其二，如果需求量是逐渐增加的，就会造成能力的浪费，因为最佳能力点是按最后达到的最大需求量考虑的。**为了克服这种缺点，可以根据需求量的变化而逐渐增加生产能力。**

三、大批量生产型企业年度生产计划的制定

1. 大批量生产型企业年度生产计划的制定步骤

产品大批量生产型企业编制年度生产计划，一般分三个层次进行。第一个层次是测算总产量指标，第二个层次是测算分品种产量，这两层工作属于编制生产计划大纲的工作。最后一层是安排产品的出产进度，编制产品出产进度计划。整个工作的流程如图6－7所示。测算总产量指标需要取得三方面的资料。首先也是最主要的是取得计划年度内产品需求的资料，这包括产品未来需求的预测和已签订合同的用户订货。在这个阶段上，产品需求以总产量表示，即按代表产品或按产品族估计的全年分季分月产量。其中也需将供销售的半成品和各计划周期（季、月）的库存储备量考虑进去。在确定了总产量指标后，应对它们能否实现预期的利润目标进行

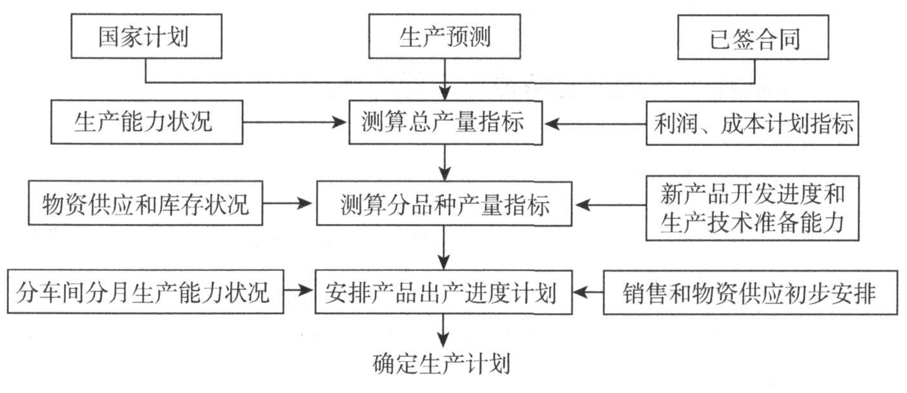

图6－7　生产计划指标拟订的流程图

核算检查，若达不到利润目标则应修改计划或提出新的计划成本（目标成本）来加以保证。这时可采用盈亏分析法进行分析计算。另外，还需检查企业的生产能力能否满足计划产量。若在现有资源条件下生产能力不能满足需求，则应制定出调节生产能力的计划。

测算分品种产量指标就是确定一个合理而有利的产品品种构成方案，以期在总产量指标控制数的范围内达到品种产量搭配的最佳化。这时，首先应考虑增加的品种以及新品种的产量。为此，在拟订这项指标时应检查新产品开发的进度和有关的生产技术准备的能力情况。当然，更多的是要考虑已有合同的用户订货和市场的需求。分品种产量的需求预测往往利用历史资料来做。例如，小轿车不同型号与不同颜色的需要量可从历年销售量资料中其所占的百分比中做出估计，然后再考虑生产能力和物资供应能力的条件。制定总产量和分品种产量指标时的生产能力平衡核算，是按全年生产能力的总量计算的；而且主要是检查关键设备（瓶颈）的能力是否能够满足需要。测算品种产量常用线性规划法。

编制出年度生产计划大纲之后，需进一步将全年的产品总量或产品族产量任务按具体的产品品种、规格、型号分配到各季、各月中去，形成年度的产品出产进度计划，以便具体指导企业的生产活动。为此，这层计划所强调的应是现实可行。编制计划时应充分考虑销售计划的安排和物料供应的能力；同时，也更有必要并有条件地对所需要的生产能力进行较细的平衡核算，做到分车间甚至分设备大组和分月来核算检查它们所提供的生产能力能否满足计划任务的需要。

2. 大批量生产型企业品种与产量的确定

（1）品种的确定

大量大批生产，品种数少。既然是大量大批生产，所生产的产品品种一定是市场需求量很大的产品。因此，没有品种选择问题。

对于多品种批量生产，则有品种选择问题。确定生产什么品种是十分重要的决策。

确定品种可以采取象限法和收入利润顺序法。象限法是美国波士顿顾问中心提出的方法，该法是按“市场引力”和“企业实力”两大类因素对产品进行评价，先确定对不同产品所应采取的策略，然后从整个企业考虑，确定最佳产品组合方案。这里不作详细介绍。

收入利润顺序法是将生产的多种产品按销售收入和利润排序，并将其绘在收入利润图上。如表6－3所示的8种产品的收入和利润顺序，可绘在图6－8上。

表6－3　　销售收入和利润次序表

产品代号	A	B	C	D	E	F	G	H
销售收入	1	2	3	4	5	6	7	8
利　　润	2	3	1	6	5	8	7	4

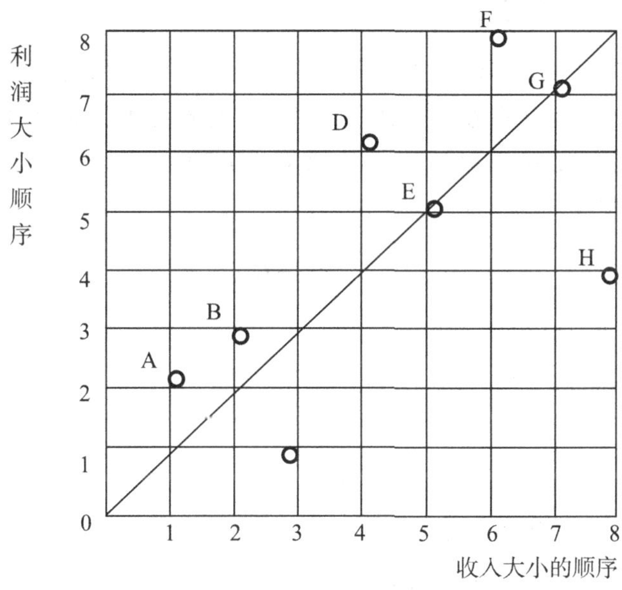

图6－8　收入－利润次序图

由图6－8可以看出，一部分产品在对角线上方，还有一部分产品在对角线下方。销售收入高、利润也大的产品，即处于图6－8左下角的产品，应该生产。相反，对于销售收入低、利润也小的产品（甚至是亏损产品），即处于图6－8右上角的产品，需要作进一步分析再确定是否应该生产。其中很重要的因素是产品生命周期。如果是新产品，处于导入期，因顾客不了解，销售额低。同时，由于设计和工艺未定型，造成产品生产效率低、成本高、利润少，甚至亏损。此时应该继续生产，并进行做广告宣传、改进设计和工艺，努力降低成本。如果是老产品，处于衰退期，就不应继续生产。除了考虑产品生命周期因素以外，还可能有其他因素，如质量不好需提高产品质量等。

一般来说，销售收入高的产品，利润也高，即产品应在对角线上。对于处于对角线上方的产品，如 D 和 F，说明其利润比正常的少，是销价低了，还是成本高了，需要考虑。反之，对于对角线下方的产品，如 C 和 H，利润比正常的高，可能由于成本低所致，可以考虑增加销售量，以增加销售收入。

（2）产量的确定

品种确定之后，再确定每个品种的产量时，可以采用线性规划方法。利用线性规划，可求得在一组资源约束下（生产能力、原材料、动力等）各种产品的产量，使其利润最大化。例如有 n 种产品品种，m 种资源约束，可采用以下形式的线性规划来优化：

$$\mathrm{Max}Z=\sum_{i=1}^{n}\left(r_i-C\sum\nolimits_i\right)x_i$$

满足：

$\sum_{i=1}^{n}a_{ik}x_i\leqslant k \quad k=1, 2, \cdots, m$

$x_i\leqslant U_i$

$x_i\geqslant L_i, \ L_i\geqslant 0 \quad i=1, 2, \cdots, n$

式中：x_i——产品 i 的产量；

b_k——资源 k 的数量；

a_{ik}——生产一个单位产品 i 需资源 k 的数量；

U_i——产品 i 最大潜在销售量（通过预测得到）；

L_i——产品 i 的最小生产量；

r_i——产品 i 的单价；

c_i——产品 i 的单位可变成本。

线性规划可用单纯形法求解。关于单纯形法，本书将不赘述。

3. 大批量生产型企业处理非均匀需求的策略

确定了产品品种与产量之后，再安排产品的出产时间，就得到了产品出产计划。前面我们讲了需求预测，需要说明的是预测的需求并不一定等于生产需求。因生产出来的产品还需先经过包装、发运，才能到批发商手中，然后再从批发商到零售商，最后才能到顾客手中。因此，生产必须提前一段时间进行，才能满足市场需求。另外，因能力所限，生产并不一定要满足所有的需求。

编制产品出产计划需要解决的一个基本问题是如何处理非均匀需求。市场需求的起伏和波动是绝对的，而企业内部组织生产又要求均衡，要解决这个矛盾，就要研究处理非均匀需求的策略。

处理非均匀需求有三种纯策略：改变库存水平、改变生产率和改变工人的数量。

（1）改变库存水平

改变库存水平就是通过库存来调节生产的情况下，维持生产率和工人数量不变。如图6－9所示，当需求不足时，由于生产率不变，库存量就会上升。当需求过大时，将消耗库存来满足需要，库存就会减少。这种策略可以不必按最高生产负荷配备生产能力，可以节约固定资产投资，是处理非均匀需求常用的策略。成品库存的作用好比是水库，可以蓄水和供水，既防旱又防涝，保证水位正常。但是，通过改变库存水平来适应市场的波动，会产生维持库存费；同时，库存也破坏了生产的准时性。对**纯劳务性生产，不能采用这种策略。纯劳务性生产只能通过价格折扣等方式来转移需求，使负荷高峰趋于平缓。**

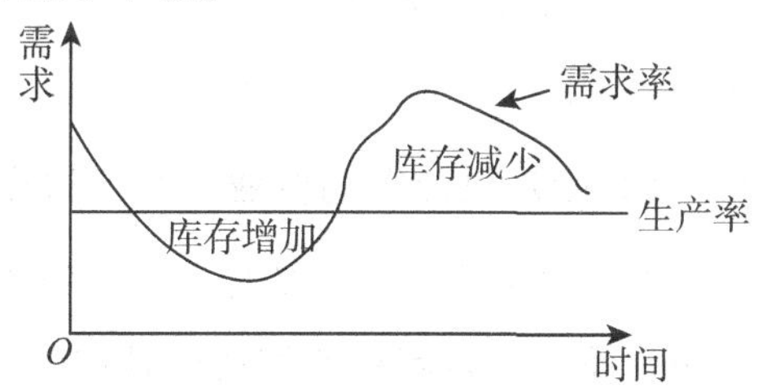

图6－9　通过改变库存水平来吸收需求波动

（2）改变生产率

改变生产率就是要使生产率与需求率匹配。需要多少就生产多少，这是准时生产制（Just-in-time）所采用的策略，它可以消除库存。忙时加班加点，闲时把工人调到其他生产单元或做清理工作。当任务超出太多时，可以采取转包或变制造为购买的办法。这种策略引起的问题是会导致生产不均衡，同时会多付加班费。

（3）改变工人数量

改变工人数量就是在需求量大时多雇工人，在需求量小时裁减工人。对技术要求高的工种一般不能采取这种策略，因技术工人不是随时可以雇到的。另外，工人队伍不稳定会引起产品质量下降和一系列的管理问题。

以上三种纯策略可以任意组合成多种混合策略。比如，可以将改变工人的数量与改变库存水平结合起来。混合策略一般要比纯策略效果好，至于采用什么样的策略，一般要通过反复试验来确定。

4. 大批量生产型企业的生产进度安排

在明确了产品品种与产量之后，如何安排生产进度也就是产品的出产时间，就要依据不同的企业类型来分别讨论了。大量、大批生产类型企业产品品种数少、产量大。其中，有的企业（乙烯厂、电子元器件厂等）产品可直接供给用户，与用户之间形成了长期的紧密的企业间同盟式供应链；有的企业（如制糖厂、粮油加工厂等）产品市场的需求较稳定，与销售商之间也形成了一种稳固的同盟式供应链；有的企业（如电视机厂、水泥厂等）虽然也属于大量生产类型，但产品市场竞争激烈，波动性大，与销售商之间只能是一种松散型的供应链关系。对于这些不同特点的企业，应需视具体情况，采用不同的生产进度安排方式。

（1）需求稳定，具有固定供应链的企业的生产进度安排方式

如上所说，这类企业生产进度安排总的原则是均衡安排。**所谓均衡安排，并不等于绝对相等，而是包含着相等和有规律的递增（或递减）**。主要有以下四种形式。

①平均分配形式。即将总体计划的生产任务进行等量分配，各季、各月的平均日产量相等。

②分期递增形式。即将总体计划的生产任务分阶段递增，而在每段时间内，平均日产水平大致相同。

③小幅度连续递增形式。即总体计划的生产任务在各月连续地、小幅度地均匀递增。

④抛物线形递增形式。即将总体计划的生产任务按照开始增长较快、以后增长逐渐缓慢，形成抛物线的形状进行安排。

上述四种生产进度安排形式，如图 6－10 所示。

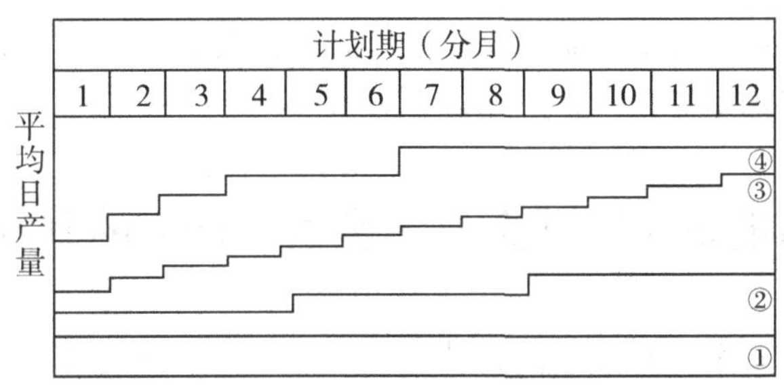

①平均分配；②分期递增；③小幅度连续递增；④抛物线形递增。

图 6－10　生产稳定情况下的几种产量分配形式示意图

（2）需求变动，松散式供应链的企业的生产进度安排方式

这类企业的主生产计划的进度安排有多种形式可供选择。

①均衡安排方式。该方式是使各月产量相等或基本相等。当产量大于销售需要时，将一部分产品作为库存储备起来，以供旺季需要；当产量小于销售需要时，则动用库存。这种方式有利于充分利用人力和设备，有利于产品质量和管理工作的稳定。它的缺点主要是成品库存量大，流动资金占用多。

②变动安排方式。该方式是使各月产量随着市场销售量的变动而变动，基本上没有库存和脱销现象。其优点是节省库存保管费用，对市场的适应性好。缺点是需要经常调整设备和人力，生产能力利用较差，不利于产品质量的稳定，并要求较高的管理水平。

企业在对均衡安排方式和变动安排方式进行选择决策时，一般应考虑

三个因素：

- 生产调整费（包括设备调整改装费用、调整引起的停工损失和废品损失等）。
- 库存保管费（包括保管费、运输费、存储损耗费等）。
- 企业特点。其中，首先是要考虑企业的生产特点：当企业的产品不宜长期储存（如食品），则宜采取变动安排方式；当企业采用变动安排损耗很大、调整费很高、产品质量波动很大（如连续式生产的化工企业），则宜采用均衡安排方式。

③混合方式。这是上述两种安排方式的结合，是将总体计划的生产任务分期安排，期间变动，期内均衡。其变动次数少于变动安排方式，而库存水平又低于均衡安排方式。

四、小批量生产型企业年度生产计划的制定

单件小批量生产是典型的订货型生产，其特点是按用户订单的要求，生产规格、质量、价格、交货期不同的专用产品。

单件小批量生产的产品品种繁多，而且不重复或很少重复生产，如炼油设备、大型船舶、高架环路、装配流水线等。

对于单件小批生产，由于订单到达具有随机性，产品往往又是一次性需求，无法事先对计划期内的生产任务作总体安排，也就不能应用线性规划对品种和产量组合进行优化。但是，单件小批生产仍需要编制生产计划大纲。**生产计划大纲可以对计划年度内企业的生产经营活动和接受订货决策进行指导。**一般来讲，编制生产计划大纲时，已有部分确定的订货，企业还可根据历年的情况和市场行情预测计划年度的任务，然后根据资源的限制进行优化。单件小批生产企业的生产计划大纲只能是指导性的，产品出产计划是按订单做出的。因此，对单件小批生产企业，接受订货决策十分重要。

1. 小批量生产型企业的接受订货决策

当用户订单到达时，企业要做出接不接、接什么、接多少和何时交货

的决策，在做出这项决策时不仅要考虑企业所能生产的产品品种，现已接受任务的工作量，生产能力与原材料、燃料、动力供应状况、交货期要求等，还要考虑价格是否能接受。因此，这是一项十分复杂的决策。其决策过程可用图 6－11 描述。

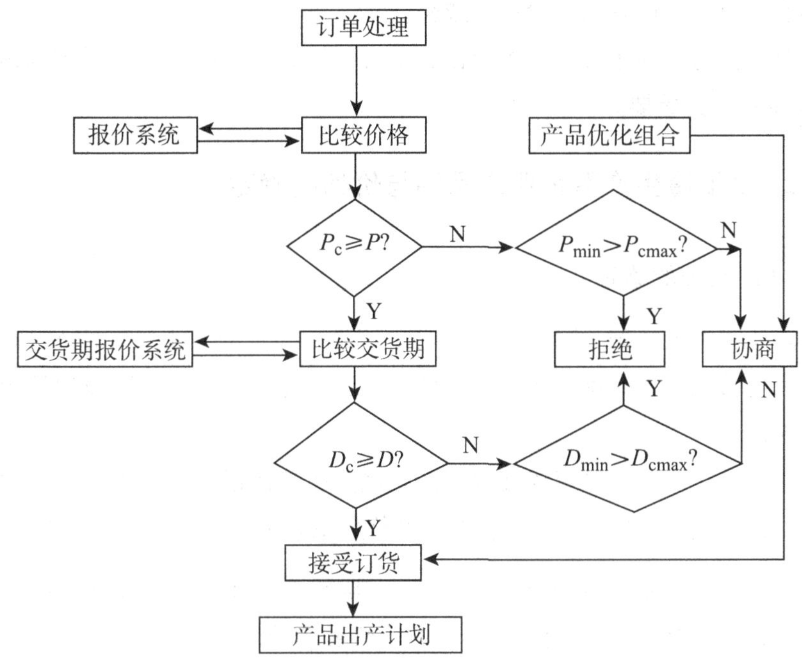

图 6－11　订货决策过程

用户订货一般包括要订货的产品型号、规格、技术要求、数量、交货时间 D 和价格 P_c，在顾客心里可能还有一个最高可以接受的价格 P_{cmax} 和最迟的交货时间 D_{cmax}，超过此限，顾客将另寻生产厂家。

对于生产企业来说，它会根据顾客所订的产品和对产品性能的特殊要求以及市场行情，运用它的报价系统（计算机和人工的）给出一个正常价格 P 和最低可接受的价格 P_{min}，也会根据现有任务情况、生产能力和生产技术准备周期、产品制造周期，通过交货期设置系统（计算机和人工的）设置一个正常条件下的交货期和赶工情况下最早的交货期 D_{min}。

在品种、数量等其他条件都满足的情况下，显然，当 $P_c \geq P$ 和 $D_c \geq D$ 时，订货一定会被接受。接受的订货将列入产品出产计划。当 $P_{min} > P_{cmax}$

或者 $D_{min}>D_{cmax}$，订货一定会被拒绝。若不是这两种情况，就会出现很复杂的局面，需经双方协商解决。其结果可能是接受，也可能是拒绝。**较紧的交货期和较高的价格，或者较松的交货期和较低的价格，都可能成交。**符合企业产品优化组合的订单可能在较低价格下成交，不符合企业产品优化组合的订单可能在较高价格下成交。

从接受订货决策过程可以看出，品种、数量、价格与交货期的确定对 MTO 企业十分重要。

2. 小批量生产型企业的品种与价格的确定

(1) 品种的确定

对于订单的处理，除了前面讲的即时选择的方法之外，有时还可将一段时间内接到的订单累积起来再作处理，这样做的好处是，可以对订单进行优选。

对于小批生产也可用线性规划方法确定生产的品种与数量。对于单件生产，无所谓产量问题，可采用 0-1 型整数规划来确定要接受的品种。

［例］已接到 A、B 和 C 三种订货，其加工时间和可获利润如表 6－4 所示，能力工时为 40 个时间单位，接受哪些品种最有利？

表 6－4　　　　产品的加工时间和利润

产　　品	A	B	C
加工时间	12	8	25
利　　润	10	13	25

解：这是一个 0-1 型整数规划问题。决策变量取 0，表示该品种不生产；决策变量取 1，表示生产。其数学模型为：

$\text{Max}=10x_A+13x_B+25x_C$

满足：

$12x_A+x_B+x_Cx\leqslant 40$

x_A，x_B，$x_C=0$ 或 1

0-1 型整数规划的解法十分复杂，对于 n 个品种，有 2^n 种组合情况。对于规模较大的实例，在正常的时间范围内是得不到最优解的。**因此，需要采用启发式算法。有一种启发式算法是按利润/加工时间的值从大到小排序，即优先考虑单位加工时间的利润最大的任务**。对本例：

A：10/12 =0.83　　　B：13/8 =（1）63　　　C：25/25 =1

于是，得到优选顺序为 B—C—A。选择 B，余下能力工时为 32；再选择 C，余下能力工时为 7，不足以加工产品 A。因此只能选择 B 和 C，结果获利 38。

（2）价格的确定

确定价格可采用成本导向法和市场导向法。成本导向法是以产品成本作为定价的基本依据，加上适当的利润及应纳税金得出产品价格的一种定价方法。这是从生产厂家的角度出发的定价法，其优点是可以保证所发生的成本得到补偿。但是，这种方法忽视了市场竞争与供求关系的影响，在供求基本平衡的条件下比较适用。市场导向法是按市场行情定价，然后再推算成本应控制的范围。按市场行情，主要是看具有同样或类似功能产品的价格分布情况，然后再根据本企业产品的特点，确定顾客可以接受的价格。按此价格来控制成本，使成本不超过某一限度，并尽可能小。

对于单件小批生产的机械产品，一般采用成本导向定价法。由于单件小批生产的产品的独特性，它们在市场上的可比性不是很强。因此，只要考虑少数几家竞争对手的类似产品的价格就可以了。而且，大量统计资料表明，机械产品原材料成本占成本比重的 60% ~70%，按成本定价是比较科学的。

由于很多产品都是第一次生产，而且在用户订货阶段，只知产品的性能、容量上的指标，并无设计图纸和工艺，按原材料和人工的消耗来计算成本是不可能的。因此，往往采取类比的方法来定价。即按过去已生产的类似产品的价格，找出同一大类产品价格与性能参数、重量之间的相关关系，来确定将接受订货的产品价格。

3. 小批量生产型企业的生产进度安排

对于订货型生产而言，企业在编制总体计划时，往往只能肯定一部分订货项目，大部分任务还不能确定。因此，在安排进度时，应把握其要求和方法。

（1）一般性要求

①先安排已明确的任务，还没有明确的任务可按概略的计量单位作初步安排。随着订货的落实，再通过季度、月度计划调整。

②当最终产品和主要组成都比较特殊时，可采用类似于标准组成组合的方法。MPS 以主要原材料或基本组成为对象来制定。

③要考虑生产技术准备工作进度与负荷的均衡，保证订货按期投入生产。并要保证使设备、人员的生产能力均衡。

（2）出产期与交货期的确定

出产期与交货期的确定对单件小批生产十分重要。**交货期设置过松，对顾客没有吸引力，还会增加成品库存；交货期设置过紧，会造成误期交货，会给企业带来经济损失和信誉损失。**

对单件小批量生产，设置交货期不仅要考虑产品从投料到出产之间的制造周期，还要考虑包括设计、编制工艺、设计制造工装和采购供应原材料等活动所需的生产技术准备周期。

第七章

作业计划与作业控制

生产中的计划工作既是生产管理的首要环节，又是企业取得长远发展的重要手段。在当今的社会经济环境中，企业成功与发展的根本途径在于抓住社会经济和科学技术发展中出现的需求和机会。

——[美]S. M. 琼森

一、作业计划与作业排序

1. 作业计划

(1) 作业计划工作内容

作业计划是完成任务、利用资源或配置设施的一张时间表。**作业计划的编制过程可以看作是生产计划的实施，并作为贯穿在生产系统中的持续不断的活动。**作业计划的目的是将总的生产计划按时间进度分解成为周、日、时的任务，也就是说在短期内确切地对生产系统安排的计划的工作负荷。

在实施作业计划工作时，必须保证有效地完成下列工作职能：

- 对各工作中心或其他指定的工作点分配工作任务单、设备及人员，这基本上是以需要能力和实有能力的平衡为基础做出的决策。
- 决定完成工作任务单的次序，也就是安排任务的优先顺序。
- 根据日程安排，投入计划任务，这通常称为工作任务单的调度。
- 检查各工作任务单在系统中的进行状况，这通常称为“跟踪”。
- 督促未落实的或关键的工作任务单。
- 在工作任务单的实际情况发生变化时，调整作业进度控制。

以信息流为基础的一般的作业计划工作内容构成如图 7 – 1 所示。

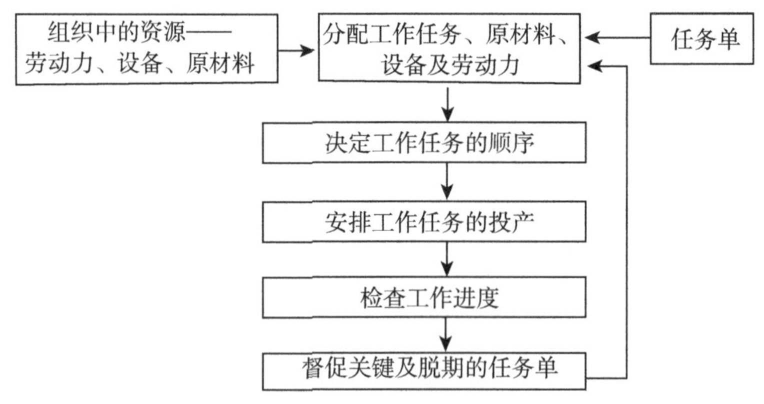

图 7 – 1　一般的作业计划工作内容构成

(2) **作业计划的分类**

作业计划是指企业总体计划的具体执行，是总体计划的延续和补充，是组织企业日常运作活动的依据。企业应根据不同的生产、服务类型，制订出不同的作业计划。

①单件生产的作业计划。单件生产的作业计划可分为工程项目作业计划和单件小批车间作业计划两种情况。

当生产部门握有一些订单，并把承接的一项订单作为一项生产任务处理，就是单件生产作业计划的情况。在这种情况下，每项订单的生产路线应分别制订，每项任务要保持单独的记录，在系统中每项任务的进度都要严格地加以监督。这并不是说在这种系统中这种产品不能与其他产品一起成批地加工。事实上在实际生产中，很多情况下个别订单在经过各个加工阶段时，是与其他订单结合在一起的。**但是，由于它们的完成进度要求不同，在过程中投入的材料和服务不同，在通过系统时它们不大会在同一个时刻里取同样的加工路线。**

②成批生产作业计划。成批生产是指为完成某特定订货或满足某种持续的需求而制造有限数量的同种产品。当一批产品生产完成后，生产系统可用来生产其他产品。成批生产有三种类型：一批产品只生产一次，一批产品根据需求的提出不定期地重复生产，一批产品为满足持续的需求每隔一定时间间隔定期地重复生产。

第一种成批生产的作业计划问题非常类似于单件生产的情况，主要的区别是制造一批产品比制造一件产品占用某些设备的时间更长。

第二种和第三种成批生产作业计划方法的基本目标是平衡生产能力的利用，是通过通盘协调生产与库存的关系，确定生产批量和生产间隔期，以满足用户定货量和交货期要求。

③大量生产作业计划。大量生产的典型表现是汽车流水生产。目前这种生产方式在其他产品领域的使用也很广泛，如电子元件、标准件等的生产。大量生产主要采用专用设备、专用工具以及流水生产。

大量生产作业计划所用的方法在很大程度上取决于产品的生产技术。如果主要是手工操作或使用生产线，如电话制造的装配阶段。作业计划安排会成为一个为达到要求的出产速度，确定对操作者的工作时间，并且随即在生产工人中均匀地分配工作的问题。

④连续加工的作业计划。在连续加工工业中产品种类构成及生产次序一般都是由生产计划决定的。例如，在一个炼油厂中，一个最优的作业计划是能够根据线性规划的单纯形算法考虑生产能力、储备费用和利润已得到各种燃料油的产量及其搭配的计划。这样，作业计划就成为一个从原油蒸馏经过混合和储存到控制炼油的过程的问题。

一些公用事业（如发电厂）在作业计划中遇到的问题是产品不能储存，同时又必须持续地满足变化着的需要。对发电厂进行进度安排，要使适应这些需求的变动所必需的启动、调整、关闭操作的运转费用达到最小。做出这种决定的一般基础是在各个产出水平上的递增费用与改变运转水平的递增费用相适应。这种费用的比较一般要依赖计算机。事实上许多电站会使用计算机操纵系统负荷的情况，决定在各级组内发电量的分配，并输送控制脉冲至各个机组。

地下采矿业等作业的操作必须沿着一个变动的工作面循环地进行，例如，打眼、爆破、装料、支棚顶以及机器移动等。它是一个操作接着一个操作循环进行的，由于每一个采矿操作的时间随着矿层性质而变化，这些操作占用的时间不是固定的，而是随机的。只有对这种循环的时间差进行足够的观察，才有可能得出统计分配。这种分配能用作排队论分析或模拟分析的数据，用这种分析能制订出有效地在工作面分配人力机器的作业计划，确定运输设备的时间及顺序表。

2. 作业排序

(1) 作业计划与作业排序

一般来说，作业计划与作业排序不是同义词。作业排序只是为了确定工件在机器上的加工顺序。而作业计划，则不仅包括确定工件的加工顺序，还包括确定机器加工每个工件的开始时间和完成时间。**因此，只有作业计划才能指导每个工人和生产活动。**

在编制作业计划时，有时一个工件的某道工序完成之后，执行它下一道工序的机器还在加工其他工件。这时，工件要等待一段时间才能开始加工，这种情况称为“工件等待”。有时，一台机器已经完成对某个工件的加工，但随后要加工的工件还未到达，这种情况称为“机器空闲”。

由于编制作业计划的关键是要解决各台机器上工件的加工顺序问题，而且，在通常情况下都是按最早可能开（完）工时间来编制作业计划。因此，当工件的加工顺序确定之后，作业计划也就确定了。所以，人们常常将作业排序与编制作业计划这两个术语不加区别地使用。

(2) 作业排序的分类

作业排序有不同的分类方法。在制造业领域中，有两种基本形式的作业排序：

- 劳动力作业排序，主要是确定人员何时工作；
- 生产作业排序，主要是将不同工件安排到不同设备上，或安排不同的人做不同的工作。

在制造业和服务业企业中，有时两种作业排序都存在。在这种情况下，应该集中精力注意其主要的、占统治地位的方面。在制造业中，生产作业排序是主要的，因为要加工的工件是注意的焦点。许多绩效度量标准，例如按时交货率、库存水平、制造周期、成本和质量等都直接与排序方法有关。除非企业雇用了大量的非全时工人或是企业一周7天都要运营，否则劳动力作业排序问题就是次要的。

在制造业的生产作业排序中，还可进一步按机器、工件和目标函数的特征分类。按照机器的种类和数量不同，可以分为单台机器的排序和多台机器的排序。对于多台机器的排序，按工件加工路线的特征，可以分成单件车间（job shop）排序和流水车间（flow shop）排序。工件的加工路线不同，是单件车间排序的基本特征；而所有工件的加工路线完全相同，则是流水车间排序的基本特征。

按工件到达车间的情况不同，可以分成静态排序和动态排序。当进行排序时，所有工件都已到达，可以一次性对它们进行排序的是静态排序；若工件是陆续到达，要随时安排它们的加工顺序的是动态排序。

按目标函数的性质不同，也可划分不同的排序。例如，同是单台机器的排序，目标分别是使平均流程时间最短和误期完工的工件数最少，实质上是两种不同的排序。按目标函数的情况，还可以划分为单目标排序和多目标排序。

由此可见，由机器、工件和目标函数的不同特征以及其他因素上的差别，构成了多种多样的排序及相应的排序方法。

二、生产作业控制

生产作业控制，指的是在执行生产计划和生产进度计划过程中，所开展的监督、检查、分析和调整等一系列工作。它是实现生产计划和生产进度计划的重要保证。

1. 影响生产作业过程的因素

影响企业生产过程进行的具体因素应该说是相当多的。我们可以从两个不同角度将其大体划分为以下类别。

(1) 按存在形态的差异划分的因素

按因素存在形态的差异划分，可以分为两类。

- 单个、独立形态的显性因素（如劳动者、工业设备、工业原材料等）；
- 复合、广布形态的隐性因素（如科学技术、管理等）。

这种划分当然不是绝对的。例如，劳动者体内便含有隐性子因素（心理方面、思想方面），管理因素也包含不少显性成分（如组织规章、组织单位、员工等级等）。

(2) 按作用特点的不同划分的因素

按因素作用特点的不同划分，可以分为以下两类：

- 系统性因素：即作用重大、影响明显从而较易察觉的可控性因素或必控性因素。
- 偶然性因素：即随机发生、作用细微从而不易探察的不可控或因技术、经济原因不必控制的因素。

这种分类自然也不是绝对的。某种偶然因素若多次、反复发生，即为系统因素。

2. 生产作业控制的主要内容

生产作业控制，从理论上讲，可按受控对象物质存在方式的不同，分为两项基本工作内容。

(1) 生产要素的控制

生产要素的控制是以单个的生产要素及其运动为对象所开展的控制活动。

企业生产要素指的是企业生产活动赖以正常进行的基本因素（或元素）。在当代社会经济条件下，它有广义与狭义之别，或者说有简单与复杂之分。

①简单要素。简单要素就是人们通常所说的人类进行生产劳动必备的三个有形的物质因素：劳动者、劳动对象、劳动资料。这一概念多用于商品的单一生产过程及其内在价值增值过程的分析研究中。

②复杂要素。按照商品的本性（为销而产、为卖而买），即使在简单商品生产时期，企业（主要为手工业）再生产过程仅仅依靠上述简单要素也无法正常进行循环。要实现商品的价值并进行再生产，生产者必须努力适应逐渐变化的用户需求、不断加剧的商业竞争，相应竭力增加资本（资金）投入、更新生产工具、改良劳动技艺、创制新型产品、变换销售手法。故当时即存在与“简单要素”相对应的“复杂要素”。**在现代社会，科学技术高速发展，国际经济文化交流日益扩大，人类文明程度普遍提高，企业生产要素的构成内容相应也就更为复杂。**这种复杂性表现为：一方面，不仅新情况、新条件增加了新的生产要素，还促使简单要素衍化出（或衍变成）若干作用日益突出并具有现代社会特殊规定性的独立因素。概言之，这些要素是：市场（可细分为用户需求、供销条件、竞争态势等），资金（含自有资本金、融资信用等），现代科学技术，以机器体系或自动机器体系为主体的劳动资料，多样化、复合化的劳动对象，脑、体力结合的专业化劳动者，信息及其传导系统，现代化管理。另一方面，上述

形态各异的多种因素相互渗透、相互关联，内在联系更趋紧密，从而单个要素对生产经营整体影响的灵敏度将日渐提高，可以从不同角度“牵一发而动全身”。

(2) 生产流程的控制

生产流程的控制是对于多个生产要素相互匹配、相互作用所形成的生产转换过程实施的控制。

上述两类控制，各有不同的特点和要求。生产要素的控制，着重控制各单一要素投入的期、量、质以及调整其内部结构。生产流程的控制，着重调节各要素的关系，控制要素共动过程中的稳定性和频率（以求和谐、均衡），节制输出物的期、量及品质。

但是，上述两类控制在实际操作中，生产要素控制和生产流程控制有时也难以区分。因为生产要素控制中的“要素”，是运动（流转）的要素；生产流程控制中的“流程”，是生产要素的组合、流动。所以，生产作业控制，又可以从要素和流程的综合上，分为以下三项内容：

- 关键性显性因素活动的分析及其控制。何为“关键”，则依时间、场合的变化而定。一般来讲，是指一定时期、一定条件下牵制全局的主导性显性要素。
- 复合、广布形态隐性因素活动的系统分析及其控制。
- 系统性因素和偶然性因素之间的区别与关系的研究，以及对差别为系统性因素的活动实施调控。

在以上三项内容中，第二、第三两项工作内容的复杂程度和难度都比较大，从而往往需要动员广大员工并采用多种科学方法和技术手段才能顺利开展。

此外，我们还可以集中考虑生产的目的（即出产合格产品，提供优质服务），将生产作业控制分为数量控制、质量控制、时间进度控制等内容。

3. 生产作业控制的职能机构

在企业的生产控制系统中，生产调度机构起着控制器的作用，承担着生产控制职能的大部分业务活动，其地位十分重要。因此，健全生产调度机构，加强生产调度工作，是建立生产控制系统的基本组织、保证和实施生产控制的关键环节。下面，以单元性单一工业企业（即工厂）为主，介绍这方面的工作。

建立健全全厂统一的、强有力的生产调度指挥系统，即调度机构，是现代化大生产的客观需要。生产调度指挥系统就是指在生产副厂长或总工程师的领导下，建立健全一套从上到下、纵横相连的统一的生产调度网。生产调度机构的设置，会根据企业的规模、生产类型、生产技术特点等的不同而有所不同。一般地说，通常会设置厂部、车间、工段（小组）的三级调度系统，而各职能科室、业务部门（如仓库、运输部门等）也会设置调度机构，并有专职或兼职的调度员。厂级设立总调度室（或由生产科、生产调度科负责），设有调度长（也可由生产科长兼任）代表生产副厂长或总工程师进行全厂统一调度，负责全厂的日常生产活动的组织工作，协调各车间、科室、部门之间的衔接配合关系，处理涉及全厂性的较大的生产问题，下达调度命令。车间的调度部门应由车间主任或生产副主任领导，车间调度员要进行本车间内部的调度工作，组织和协调各工段（小组）的生产活动，同时搞好与其他车间、部门的协作关系，执行上级调度命令，并代表车间主任下达调度命令。**工段的调度员由工段长领导或工段长兼任，小组一般由小组长执行生产调度工作。**

调度机构与一般职能部门不同，它不仅是一个参谋机构，还是个具有行政命令权的指挥机构。它代表上级行政领导者向下级行政领导者下达命令，下级必须服从上级的调度。生产调度工作必须严格执行统一命令的原则，一切调度命令都要由调度机构统一下达，不能令出多门，也不能越级下达命令。调度长代表生产副厂长下达的调度命令，各车间主任和职能部门都必须贯彻执行。如果厂长或生产副厂长发现调度命令有不当之处，也不能自己直接更改，而是要命令厂调度机构，由调度人员自己下达更改的调度命令。车间调度员职责的履行也是如此。这样，才能保证全厂生产调度统一的指挥原则。

为了提高调度工作的质量和效率，及时掌握全厂的生产信息和向各车间、部门迅速及时地下达调度命令，需要对各级生产调度部门配备各种调度用的技术装备，如专用调度电话，无线电装置，数字显示装置，调度专用的通讯网，各种迅速反映生产动态的信号装置，工业监控电视，电子计算机系统等来控制和指挥生产。随着现代科学技术的进步，微型机的出现，生产调度工作要实现现代化，就要采用现代的技术装备，利用电子计算机来建立生产信息系统和指挥调度系统，使全厂调度网以计算机为中心联成一体，并采用现代化的管理方法，建立一个现代化的生产调度系统。

从生产调度工作的重要地位及其基本要求来看，调度工作的内容是很多的。其中，最主要的有四项：第一，管理生产信息系统，收集和处理生产信息；第二，组织生产作业准备工作，施行生产过程的前馈（预先）控制；第三，指挥、协调日常生产活动，对生产过程进行现场控制；第四，衡量、评价生产输出，实施后馈（事后）控制。我们将结合生产流程不同阶段的控制，介绍有关的调度工作问题。

4. 生产作业控制的方法

为了准确了解生产情况，及时发现生产与实际的差异，有预见性地掌握生产发展的趋势，需要使用一些科学的方法进行生产作业控制。下面介绍几种常用的生产作业控制方法。

(1) 进度分析

为了直观地了解生产进度及其与计划的对比情况，更好地控制生产进度，企业经常采用以下两种图表进行进度分析。

①坐标图。用一个简单的坐标图来描述生产量随时间变化的变动趋势，以掌握生产进度的进展情况。例如，某厂一旬的计划装配产量及逐日累计完成产量绘制成坐标图，描述生产进度计划的执行情况及逐日的变动趋势，如图 7－2 所示。

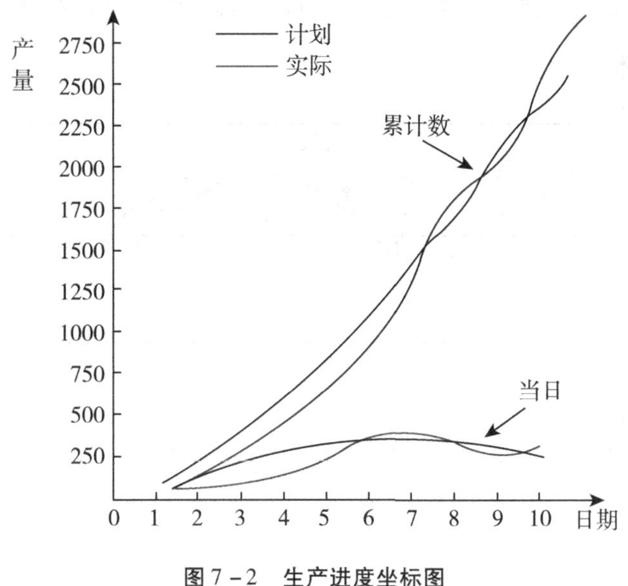

图 7－2　生产进度坐标图

②条形图。条形图又称甘特图或横道图。它是一种安排计划和检查计划完成情况的常用图表，表 7－1 就是一种控制产品生产的条形图表。

表 7－1　　　　产品进度条形图表

项目＼周次		第一周	第二周	第三周	第四周
外圆磨	计划	100　100	150　250	150　400	200　600
	实际	50	100	135	200
	累计	50	150	285	485
内圆磨	计划	200　200	200　400	250　650	250　900
	实际	180	160	200	225
	累计	180	340	540	765

(2) 倾向分析

倾向分析的主要工具是折线图，就是把各工序每日实际完成的数量按时间序列绘制成坐标图，如图 7－3（a）所示。但光凭这个图很难掌握其规律和趋势，必须进一步作出倾向分析，其具体做法如图7-3（b）所示。

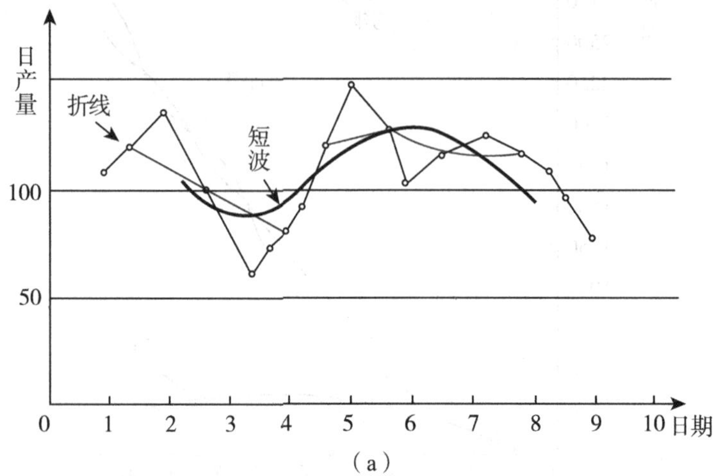

（a）

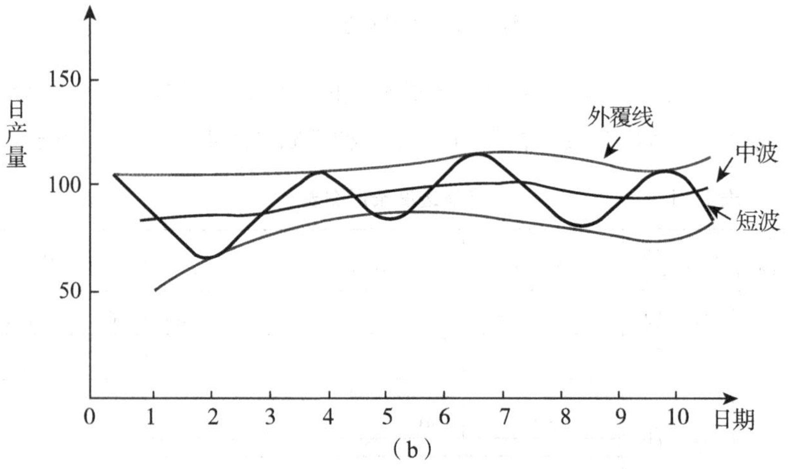

（b）

图7-3　生产趋势分析图

●将每日实际完成的零件数量，每3天一平均，得到若干平均值，连成一条曲线，称为短波，以观其规律与发展趋势。

●将短波各尖峰（峰值）连成一线，各谷底另连成一线，则此连成的两线叫外覆线。

●在两条外覆线的中间绘一曲线，这条曲线叫作中波。这就是我们所寻求的倾向线，据此进行倾向分析。

（3）统计分析

当每日产量 X_0 围绕着计划指标上下波动时，可以取若干值将其平均，得到的值为$\overline{X}$。再根据每日产量与$\overline{X}$值之差可以得到标准离差（偏差值）如下：

$$\delta = \sqrt{\frac{\sqrt{\sum (X_i - \overline{X})^2}}{n}}$$

式中：n 为取值的数目，最后可以按 $X_0 \pm \delta$ 为控制界限。如果出现日产量偏差超过 $X_0 \pm \delta$ 以外的情况，需立即查明原因，采取措施，予以校正。

（4）日程分析

日程分析，也叫生产周期分析。检查各生产环节生产进度计划的完成情况时，必须进行日程分析。日程是指零件的加工时间、前后发生的停滞时间和搬运时间的总和。**日程分析对缩短生产周期、减少中断时间和在制品占用量有着明显的作用。**进行日程分析可借助于加工路线单、工票及其他生产记录，逐日将投入与完工的零件数量计入统计台账，并绘制动态指示图表进行分析。

第八章
准时生产方式

为了完全适应市场多品种需求，企业必须根据市场的需求来安排生产计划，做到准时生产及时满足，即市场需要什么产品就生产什么产品，需要多少就生产多少，这样才能使企业达到高效运转。

——［日］丰田喜一郎

一、准时生产方式的含义和特征

1. 准时生产方式的含义

准时生产方式（Just In Time，简称 JIT）是日本丰田汽车工业公司所创立的一种先进的生产管理制度，它与自动化生产一起构成了丰田生产方式的两大支柱。**而看板管理则是实现准时生产方式的重要手段，是准时生产方式在生产作业计划管理工作中的具体实施方法。**

准时生产与均衡生产有着密切的关系，但它们是两个不同的概念。均衡生产体现为产品生产量在时间上的均衡，而准时生产是指在必要的时候按必要的数量生产必要的产品（零件、部件、成品）。准时生产制是一种讲求最大经济效益的生产管理制度，它强调“准时”和“准量”，不单纯追求高设备开工率、高劳动生产率和高产值。它的基本思想在于严格按照市场需要生产产品，尽量缩短生产周期，压缩在制品占用量，从而最大限度地节约资金、提高效率、降低成本、增加利润。

准时生产方式以其先进的管理思想和新颖的管理方法受到各国的普遍重视。

2. 准时生产方式的基本特征

为了实现准时生产方式的目标，丰田汽车工业公司实行了下述办法：后工序向前工序领取在制品，小批量生产、小批量运送和均衡化生产。这些也就是准时生产方式的基本特征。

（1）后工序向前工序领取在制品

一般的生产管理制度是由生产作业计划部门按产品出产计划制订生产计划进度表，各道工序根据计划进行生产，并供给后道工序以在制品。**这是一种由前向后的“推进方式”，当计划不周和生产信息反馈不灵时，很容易造成零部件生产过剩和在制品积压。**同时由于生产任务早已安排，市场需求一旦发生变动，就会缺乏弹性反应能力。

丰田公司受超级市场补充商品方式的启发，对传统的生产管理方法进行了改革，将前工序供给后工序以在制品，改为后工序在必要的时候，凭着看板到前工序领取必要数量的在制品，且前工序生产的在制品数等于被取走的在制品数，生产管理部门只给最终装配线下达生产计划任务，由总装配线起始一级一级地向前工序领出部件、零件、毛坯，直至原材料。这是一种由后向前的“牵引方式”，它具有自动连续反应的特性。

采用“牵引方式”只补充生产后工序所需要的在制品量，用电子计算机进行模拟实验的结果表明，最后工序的生产变动即使涉及前工序，变动幅度也不会太大。对于外部干扰，“牵引方式”比“推进方式”具有较快的恢复能力。这个特征是与把在制品储备量限制在最小以及缩短生产周期有关的。

（2）小批量生产、小批量运送

为了在尽可能短的周期内生产必要的产品，使各工序的批量尽可能接近“1”，缩小运送批量是非常重要的。生产批量、运送批量越小，生产变动的幅度越小。

为了实现小批量生产和运送，企业必须缩短设备、工装调整等生产准备时间并实行混载多回运送在制品的方法。当然，即使在丰田的工厂，铸造、锻压、冲压、成型等工序作业，也仍然是以批量进行的，但正在通过缩短作业变换时间来缩减批量。在过去十几年的时间，作业变换时间缩短到原来的1/10～1/15，批量也大约缩小到原来的1/10。

（3）均衡化生产

在把全部工序按“后工序领取、小批量生产、小批量运送”等连接起来，成为一条准时生产的生产线时，为了做到只用最小限度的必要能力完成生产任务，并防止过多的在制品储备，作为多品种混合生产的最后工序，其生产的均衡化是必不可少的。**这里最后工序的生产，应当使每天的生产量与品种都尽可能平均化。**

生产均衡化是准时生产方式的基础。如果生产任务不均衡，产量大起大落，那么采用看板管理，通过最后工序来指挥生产全过程不仅不可能，还会造成生产的混乱。为了做到生产均衡化，工厂生产管理部门对市场需求量的变化必须做出灵活的反应，及早地调整计划，并且在调整计划时使总装配线的产量任务逐步增加。也就是说，让各个生产线、工序在生产的“攀登”上“走缓坡”，而不是“爬陡坡”，如图 8－1 所示。**生产管理部门按照生产均衡化的要求合理地调整计划，使得生产现场有可能适应生产任务变动，发挥主观能动性，做到准时生产。**

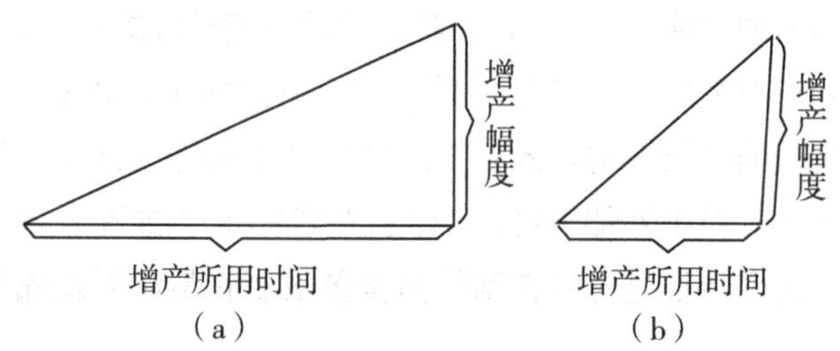

图 8－1　增产幅度相同而所用时间不同的两种情况对比示意图

丰田公司在实行准时生产方式的过程中，坚持“宁可中断生产，决不积压储备”的原则。在实行准时生产方式的初期，生产过程中可能会出现中断生产毛病。但是，丰田公司认为，中断生产的损失，较之积压储备、掩盖生产中的矛盾、麻痹生产管理人员与领导人员的思想等所带来的危害要小得多。权衡轻重，准时生产制是利大于弊。

二、准时生产方式的实现

1. 适时适量生产的实现

适时适量生产，是为了达到无库存生产。无库存生产是平准化生产。所谓平准化生产，就是使物料流完全与市场需求合拍，并始终处于平稳的运动状态之中。从采购、生产到发货，各个阶段的任何一个环节都要与市场合拍，才能减少甚至消除原材料、外购件、在制品与成品的库存。

平准化是一种理想的状态，要达到这样的状态，必须具备一定的条件。

（1）计划平准化

生产平准化是为适应外部市场变化和企业内部组织生产的要求提出

的。要实现生产平准化，首先要做到计划平准化。这里所说的计划，主要是指产品生产计划。计划平准化有两个含义：一是要求生产率等于市场需求率；二是要尽可能减少每种产品的生产批量，直到需要一台生产一台。

（2）减少调整准备时间

单从计划上做到平准化，还不能实现生产平准化。**如果机器的调整准备时间不能压缩，则扩大生产频率会使调整准备占用的时间大大增加，这样是不合算的。**减少调整时间，能使生产系统具有柔性，使它能够非常快地从生产一种产品转向生产另一种产品，从加工一种零件转向加工另一种零件。

从广义上讲，要缩短从生产一种产品到生产另一种产品的转换时间，应该包括生产技术准备时间。缩短调整准备时间，就要求加快设计、试制出新产品，加快编制工艺、设计工艺装备，加快制造工艺装备、准备原材料及毛坯，尤其是大型铸锻件。从狭义上讲，调整准备时间，是指机器从加工一种零件到加工另一种零件的转换时间。本书主要是指狭义的调整准备时间。

（3）建立准时生产的制造单元

准时生产为了达到消灭库存的目的，首先是要“把库房搬到厂房里”，使问题明显化。当工人看到他们加工的零件还没有为下道工序所使用时，就不会盲目生产，也只是在看到哪种零件即将使用完时，才会自觉地生产。其次是不断减少工序间的在制品库存，“使库房逐渐消失在厂房中”以实现按准时生产方式生产。

为了实现准时生产，需要对车间进行重新布置整理，实行定置管理。每个工作地都要有一个入口存放处和一个出口存放处。要依据所生产的产品和零件种类，将设备重新排列，使每个零件从投料、加工到完工都有一条明确的流动路线。

把零件存放到车间会带来一些问题。如果零件杂乱无章地堆放，在需要时难以找到，就会造成生产中断，甚至引起安全事故。因此，零件必须放在确定的位置上，并要用不同颜色做出明显的标记。要及时消除一切不需要的东西，创造出一个整洁的环境。

对车间进行重新布置的一个重要内容，就是建立准时生产的制造单元。只有建立了这样的制造单元才能实现零件一个一个不停地流动。

准时生产单元是按产品对象布置的。一个制造单元配备有各种不同的机床，可以完成一组相似零件的加工。准时制生产制造单元，有两个明显的特征：一是在该制造单元内，零件是一个一个地经过各种机床加工的，而不是像一般制造单元那样，一批一批地在机床上移动。在单元内，工人随着零件走，从零件进入单元到加工后离开单元，始终是由一个工人操作。**工人不是固定在某台设备上，而是逐次操作多台不同机器，这与一般的多机床操作不同。**一般的多机床操作，通常是由一个工人操作多台相同的机器。二是准时生产的制造单元具有很大的柔性，它可以通过调整单元内的工人数量，使单元的生产率与整个生产系统保持一致。

准时生产单元，一般采用 U 型布置。为了维持制造单元的生产率与产品装配的生产率一致，保证同步生产。当生产率改变时，应相应调整制造单元的工人数量，从而保证劳动力得到合理的、充分的利用。

2. 弹性配置作业人数的实现

JIT 生产方式打破了过去实行的“定员制”，即使生产量减少，也必须仍然有相同的作业人员的生产方式。使得这些设备全部运转，进行生产，创造出了一种全新的“少人化”技术，来实现随生产量而变化的弹性作业人数配置。在市场需求变化多、变化快的今天，在生产变化频繁、人工费也随之增大的情况下，**“少人化”技术旨在通过削减人员来提高生产率和降低成本。**

所谓“少人化”，是指根据生产量的变动，弹性地增减各生产线的作业人数，以及尽量用较少的人力完成较多的生产。“少人化”是通过如下两条途径达到降低成本的目的：一是按照每月生产量的变动，弹性增减各生产线以及作业工序的作业人数，保持合理的作业人数，从而通过排除多余人员来实现成本的降低；二是通过不断地减少原有的作业人数来实现成本降低。后者也可称为“省人化”。

这里要区分两个问题，一个是关于人工与人数。在人工的计算上，有 0.1、0.5 这样的算法，但实际上，即使是 0.1 个人工的工作，也都要 1 个人，而不可能是0.1个人来完成。因此，即使工作量从1个人工减少到0.1个人工，其结果也不能使所需的人数减少，达不到降低人工费的目的。所以，只有将“人数”，而不是“人工”降低下来，才有可能降低成本。另一个是关于作业改善与设备改善。“少人化”需要通过不断地改善来实现，但首先应该考虑的是彻底进行作业改善，下一步才应该是设备改善。如果为了节省人工，从一开始就致力于购买自动化设备或进行设备改善的话，其结果将不仅不会带来成本的降低，反而还会由此增加成本或招致生产资金的无效投入。

(1) 实现“少人化”的前提条件

“少人化”，是通过对人力资源的调整或重新安排来提高生产率。当生产量增加时，作业人员也增加。更重要的是，当生产量减少时，能够将作业人数减少。另一方面，即使生产量没有变化，但只要能通过改善作业减少人员，就能够提高劳动生产率，从而达到降低成本的目的。

为了实现上述的“少人化”，需要有以下三个前提条件：

- 要有适当的设备配置；
- 要有训练有素、具有多种技艺的作业人员，即“多面手”；
- 要经常审核和定期修改标准作业组合。

上述的设备配置是指联合U型配置。在这种配置中，每个作业人员的工作范围可能简单地扩大或缩小，但前提是必须有“多面手”的存在。**培养“多面手”是通过“职务定期轮换”的方法来实现的。**标准作业组合的改变，可以通过不断改善作业方法和设备来进行。这种改善活动的目的在于，即使生产量不变或增加，也要尽可能使作业人数保持最少。

(2) 设备的联合U型配置

U型设备配置的模型如图8-4所示。

通过U型设备配置，灵活增减作业现场人员主要靠生产线的入口和出口在同一位置。因为在这种配置中，当一个加工完了的产品从出口出来时，一个单位的原材料也被从入口投入了，两方的作业是由同一作业人员按同一生产节拍进行的。这样既实现了生产线的平衡，也使生产线内待加

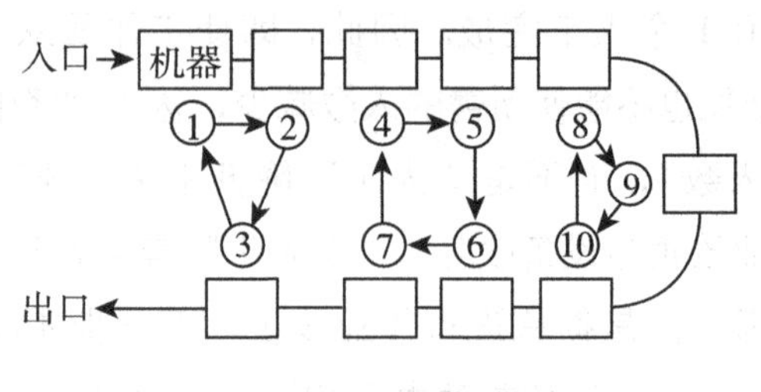

图 8－4　U 型配置

工产品数保持了恒定。而且，通过明确规定各个工序可持有的标准待加工产品数，即使出现了不平衡的现象，也能很快被发现，有利于对各工序进行改善。

联合 U 型配置，是指有几条 U 型生产线作为一条统一的生产线联合起来，使原先各条生产线的非整数工时互相吸收或化零为整，以实现在实际上以整数形式增减作业人员。

在利用 U 型配置增减作业人员时，在按照生产量重新分配各作业人员的工作时，常常会出现节省出来的非整数工时。例如，即使可能减少半个人的工时，会因实际上不能抽掉一人，而在某个工序产生等待时间或生产过剩的现象。这时就可以采用联合 U 型配置，将各工序联合起来，实现人员的增加或减少。

（3）职务定期轮换

实现“少人化”意味着生产节拍、作业内容、作业范围、作业组合以及作业顺序等的变更。为了使作业人员能够适应这样的变更、培养“多面手”，就必须根据可能变更的工作内容使他们接受教育和训练。这样，作业人员的职务扩大也被称为“作业人员多能化”。为了培养“多面手”应进行职务定期轮换。

3. 准时采购的实现

要实现准时生产，除了消除工序间的在制品的库存和成品库存之外，还要消除原材料和外购件的库存。消除原材料与外购件的库存，要比消除工序间在制品的库存还要困难。因为，它不仅取决于企业内部，还取决于供应厂家和物资部门。但是，由于原材料的外购件占用大量资金，不消除这种浪费，推行准时生产方式的效果就不会好。因此，必须消除采购过程中的浪费。

采购中有大量活动是不增加生产价值的。例如，订货、修改订货、收货、开票、装卸、运输、质量检查、入库、点数、转运、送货等活动，都不增加产品的价值。准时采购的目的就是要消除这些浪费，消除原材料与外购件的库存。

要消除采购中的浪费，就应该选择尽量少的、合格的供应厂家，要同供应厂家建立新型的关系。这种关系应该是长期的、互利的。因为，只有建立长期的关系，才能解决供货质量问题，取消购货检查。合格的供应厂家具有较好的设备、技术条件和较好的管理水平，可以保证准时供货和保证质量。选择尽量少的供应厂家，是因为企业的力量和资源有限，只能帮助较少的供应厂家消除浪费，组织好准时制生产。

在选择供应厂家时，要考虑 5 个因素：质量、合作的愿望、技术上的竞争力、地理位置和价格。只有在前 4 个条件都具备时，才能谈得上讨论价格。而且在多数情况下，前 4 个因素较好的供应厂家价格可能也是较低的。即使不是这样，双方建立起合作关系之后，企业也可以帮助供应厂家找出降低成本的方法，使很多工作可以简化以至消除，如订货、修改订货、质量检查等，从而减少浪费。

4. 质量保证的实现

在准时生产中，当需要一件生产一件时，如果某道工序出现废品，则后续工序将没有输入，立即会停工，先前的每道工序都必须补充生产一件，这样就会完全打乱生产节拍。因此要实现准时制生产，就必须消灭废品。

传统的质量管理方法，主要是依靠事后把关来保证质量的。全面质量管理强调事前预防不合格品的产生，要从操作者、机器、工具、材料和工艺过程等方面保证不出现不合格品。强调开始就把必要的工作做正确，从根本上保证质量。准时生产方式，使全面质量管理的思想更具可操作性。它使“必要的工作”这一模糊的概念变得十分清楚，大大提高了质量管理的有效性。“必要的工作”，是指那些会增加价值的活动是应该消除的，把不增加价值的工作做得再正确也是不必要的，而且是一种浪费。

使质量管理工作从事后把关变成事先预防要经过三个步骤：正确地规定质量标准，使工艺过程得到控制和维持这种控制。

产品是为用户所用的，产品只有满足了用户的需要，才达到了质量标准。因此，应该将用户的要求做出明确规定，并将其作为产品质量的标准。

有两种用户：一种是企业外部的用户，他们是企业产品的最终消费者；另一种是企业内部的用户，每一个生产阶段、每一道工序都是前一个生产阶段、前一道工序的用户。全面质量管理不仅要规定外部用户对质量的要求，还要规定内部用户对质量的要求；不仅要对外部用户提供符合要求的产品，还要对内部用户提供符合要求的在制品。

要使工艺过程得到控制，需要做好两件事：一是操作工人的参与，二是要解决问题。操作工人的参与，对于工序质量控制至关重要。工人在操作过程中，要收集必要的数据，以便发现问题、实行自检。**解决问题要采取正确的方式，找出影响质量的根本原因。找出根本原因的标准，主要看问题是否重复出现。**如果没找到根本原因，不能采取措施消除产生这种质量问题的根本原因，那么这种质量问题一定会再现。

一旦工艺过程处于控制状态，就要维持这种状态，才能保证质量。维持控制状态可以采用三种方法：操作者的更多地参与，统计过程的控制和防错。

要使操作工人参加维持控制状态的活动。首先，要使他们了解下道工序的要求。其次，要有反馈机制，通过控制图使工人了解工艺过程是否处于控制状态。再次，要使工人懂得如何采取行动，纠正所出现的偏差。

统计过程控制，基本上是一种反馈控制机制，即通过过去的信息去控制将来的操作。统计过程控制方法，一般适用于可以定量的场合，如长度、直径、重量、数量，等等。但工序控制中有更多的因素是非定量的，比如机器运转的声音、环境的污染、不正确的设备调整和误操作等，是不能用统计方法进行控制的，并且反馈控制对准时制生产方式是不够用的。这时应该采取事前控制，即当缺陷出现之前就采取行动，防止缺陷出现，这就需要用防错的方法。

防错方法的实质，就是要使正确的操作容易做，而错误的操作难以做成或者不能做。例如，设计一种工艺装备，当它安装得不正确时，就会使机器不能运行，这就保证工装的安装错误不至于影响加工质量。防错方法不仅可以用于工序质量的控制，还可用于检查和产品设计。

对于传统的生产方式来说，一道工序往往持续数周加工一种零件，等到下道工序加工这种零件时，若发现有质量问题，则已造成了很大的损失，因为要返修或报废一大批零件。同时，事隔数月，该工序的工人已经加工了其他零件，他已记不起究竟是哪些方面的操作出了问题，也就难以找出产品质量问题的根本原因。

实行准时生产方式，需要一件才生产一件，当加工过程出现问题时，可以立即得到反馈信息，立即采取纠正措施。下道工序是上道工序的用户，是上道工序质量的权威检验者。而且实行的不是抽检，是全数的检查。这不仅取消了工序间的专职检查，消除了这一不增加价值的活动，还更彻底地保证了质量。

另外，当某道工序出现质量问题时，生产就会自动停下来，这种压力使每个操作者必须保证质量，也可以防止继续生产废品，有利于找出问题的根本原因。

在开始实行准时生产方式时，不可能使工艺过程得到完全的控制，因而不可能消除不合格品。但是，一定要做到有预见性，要预见出有多少不合格品。

要使生产过程有预见性，其中很重要的一条，就是保证设备的可靠性，保证设备在运行中不发生故障。这就要对设备进行预防维修。

三、看板控制与精益生产

1. 看板控制概要

看板控制又称视板管理，是一种用于生产现场控制作业的作业管理方法。看板，又称传票，是一种传递信号的载体。看板可以是用纸片做成的卡片，也可以是灯光或小旗子一类的信号，或者是一种告示牌等。运用看板组织生产，按照看板运行机制控制生产系统中物料流的大小和速度，就构成了看板控制系统。它是准时生产方式付诸实施的有效的支持工具。

(1) 看板控制的基本原理

看板是一种能够调节控制在必要时间生产出必要数量产品的管理手段，是对各制造过程进行管理的信息系统。它的理论依据是：工厂生产的目的是为了满足用户的需求，没有用户就没有生产必要。

生产看板用于指挥工序加工一类的生产活动，它规定了所应生产零件的数量、时间和品种；传送看板用于指挥相邻两道工序之间的物料传送活动，它规定了两道工序之间传送物料的品种、数量及时间。看板的例子如图 8-2 所示。

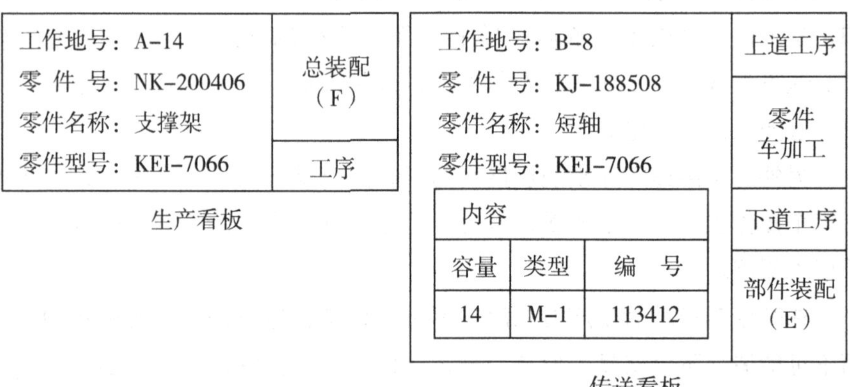

图 8-2　生产看板和传送看板示意图

(2) 看板控制系统的工作过程

看板控制系统的工作流程可以通过图 8-3 来说明。

假设有两个工序：工序 A 和工序 B。工序 A 是装配组，工序 B 是机械加工组。每个工序都有一定数量的容器，容器内放着计划规定的在制品。

装配工序在组装产品时要用到零件 E。为此，在工作地 A 设有存放零件 E 的容器，每一个容器里都存放有预先规定数量的 E，并挂有传送看板 T。

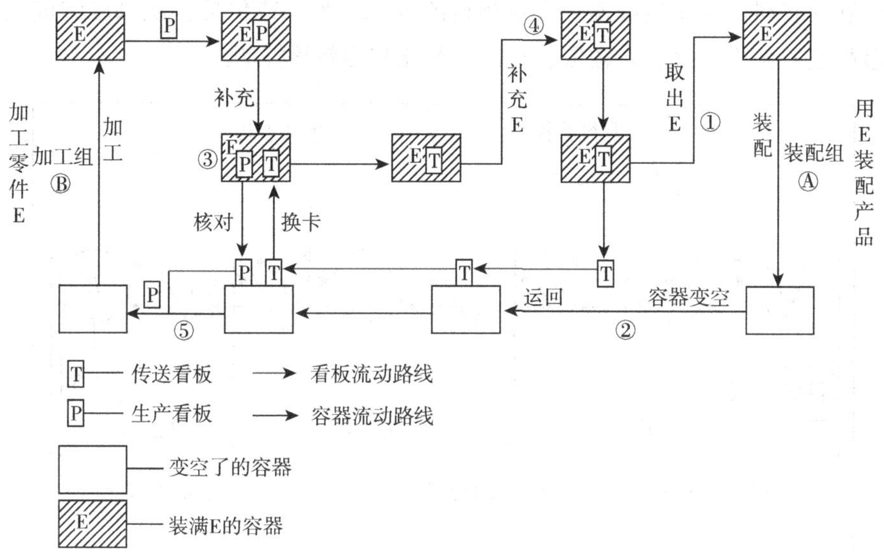

图 8－3　看板控制过程

当工作地 A 接到装配指令后，工人就将其中一个容器里的 E 拿出来装配产品（序号①），并取下传送看板 T。一旦容器变空了，工人就将该空容器及相应的传送看板送回工作地 B（序号②）。在工作地 B，工人将生产看板 P 从已经装满 E 的容器抽出，仔细核对送回的 T 卡和 P 卡确认无误后，将 T 卡重新挂在装有 E 的新容器上，而将 P 卡交给工作地 B 的工人（序号③），接着再将装满 E 的容器运到工作地 A，以补充用掉的零件 E（序号④）。

在工作地 B，操作者根据收到的生产看板和容器数量，开始加工零件 E。完成任务后，将零件 E 装入送回的空容器，并在每个容器上挂上相应的 P 卡（序号⑤）。如果一个工作地承担几种零件的加工，那么每种零件都有自己特定的容器（可用不同的颜色加以区别）和生产看板，这样不至于造成生产上的混乱。

整个生产过程就是按这样的方式逐步向前推进，直到原材料供应或其他外购件的供应点，最终形成整个牵引式生产系统。

2. 看板系统的运作方式

看板系统（如双卡系统）运作方式如图 8－5（a）或 8－5（b）所示。

一次对物料的需要就触发一次对物料的补充、加工或供应。从供应到成品装配的整条生产线上，领取、加工、补充都由看板控制。

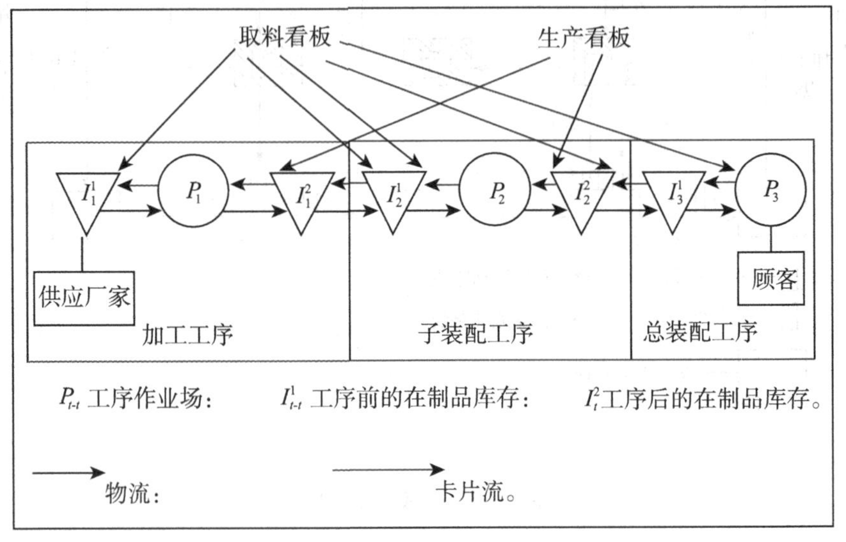

图 8－5（a） 看板系统运作示意图

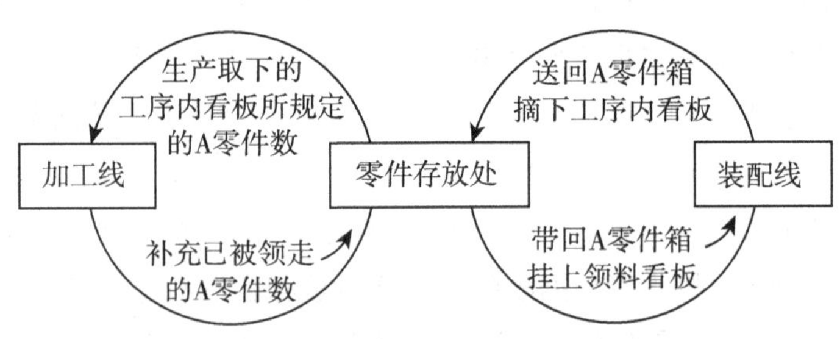

图 8－5（b） 看板系统运作示意图

看板的数量控制着系统的紧松程度。**如果管理人员发现因库存过多而使系统过松，他们就会决定收回一些看板，从而紧缩系统。**相反，如果系统显得太紧，为使系统平衡，就会有一些附加的看板进入系统。有意识地适当减少看板数，可以暴露、发现生产过程可能存在的问题，促使生产系统的改进。显然，使用中的看板数量是一个重要的变量。理想的看板数可用下式计算：

$$N = \frac{DT\ (1 + X)}{C}$$

式中：N——看板或容器总数；

D——加工中心的计划使用率；

T——用于补充零部件的平均周期时间 = 等待时间 + 生产时间 + 搬运时间 + 看板回收时间；

X——由管理人员确定的保险系统（越接近于0，系统越有效）；

C——一个看板或容器的标准容量（应不大于零部件日用量的10%）；

D 和 T 必须使用相同的时间单位（例如分钟、天）。

例：某加工中心的使用量为每天300件，一个容器的标准容量为25件。补充一个容器的周期时间，即完成一个循环（送回、装入、移动、等待、取空等）平均用时0.12天。如果 X =0.20，则所需的看板数（容器数）：

$$N = \frac{300 \times 0.12 \times (1 + 0.20)}{25} = (1)728 \approx 2$$

向上近似将使系统较松，而向下近似则将使系统较紧。通常采用向上近似。

为使看板在准时生产方式中发挥有效的作用，必须严格执行如下规则：

- 看板必须附在容器上；
- 不见看板不加工、不传送；
- 按看板加工、传送；
- 不合格品不传送给下道工序；
- 后工序领取。

四、精益生产方式

1. 精益生产的产生及其基本思想

一战后，亨利·福特和通用汽车公司的阿尔弗莱德·斯隆在他们的汽车生产中建成了完善的流水生产线，把传统的单件生产方式转变成了效率高的大量生产方式（Mass Production），开创了制造业的一个新纪元。大量生产的优势在于“大量”，弱点在于不容易变化、产品种类受限制。随着经济的发展、人民生活的提高，市场竞争中产品多样化的问题必将越来越突出地成为赢得竞争的重要因素，这时，大量生产方式就必然会面临着被彻底改造的新形势。日本丰田公司的丰田英二和大野耐一敏锐地认识到这一点。他们综合了单件生产与大量生产的优点，克服了传统经营方式中很多不合理的做法，开创了一种新的高效率的生产方式——精益生产（Lean Production，简称 LP），既避免了单件生产的高成本，又避免了大量生产的僵化不灵活。

精益生产是一种生产管理方式，它的基本目标是寻求消除企业生产活动各方面浪费的原因，包括员工关系、供应商关系、技术水平及原材料、库存的管理。精益生产方式与大量生产方式的最终目标是不同的。大量生产的工厂要求自己的产品“足够好”，他们容忍相当庞大的库存量，认为要求过高是人力所不能及的，或者会导致不值得的更多花费。但是精益生产的工厂要求自己的产品“尽善尽美”，必须“精益求精”，必须不断降低成本，做到无废品、零库存、无设备故障等要求，而产品品种又是多种多样的。这种理想境界永远也不能达到，但是人们对理想状态的不断追求仍会产生惊人的效果。

2. 精益生产的主要内容

精益生产是对准时生产方式的进一步提炼和理论总结，是一种扩大了的生产管理、生产方式的概念和理论。其主要内容可概括如下。

①在生产系统方面，一反大量生产方式下的作业组织方法，以作业现场具有高度工作热情的“多面手”（具有多种技能的工人）和独特的设备配置为基础，将质量控制融入每一生产工序中去，使得生产起步迅速，能够灵活敏捷地适应产品的设计变更、产品变换以及多品种混合生产的要求。

②在零部件供应系统方面，采取与大量生产方式截然不同的方法，在运用竞争原理的同时，与零部件供应厂家保持长期稳定的全面合作关系，

包括资金合作、技术合作以及人员合作（派遣、培训等），从而形成一种“命运共同体”，并注重培养和提高零部件供应厂家的技术能力和技术开发能力，使零部件供应系统也能够灵活敏捷地适应产品的设计变更以及产品变换。进一步地，通过管理信息系统的支持，使零部件供应厂家也能共享企业的生产管理信息，从而保证及时、准确地交货。

③在产品的研究与开发方面，以并行工程和团队工作方式为研究开发队伍的主要组织形式和工作方式，以“主查”负责制为领导方式。**在一系列开发过程中，强调产品开发、设计、工艺、制造等不同部门之间的信息沟通和同时并行开发**。这种并行开发还扩大至零部件供应厂家，充分利用它们的开发能力，促使它们从早期就开始参加开发，由此大大缩短开发周期和降低成本。

④在流通方面，与顾客以及零售商、批发商建立一种长期的关系，使来自顾客和零售商或批发商的订货与工厂的生产系统直接挂钩，销售成为生产活动的起点。极力减少流通环节的库存，并使销售和服务机能紧密结合，以迅速、周到的服务来最大限度地满足顾客的需要。

⑤在人力资源的利用上，形成一套劳资互惠的管理体制，并一改大量生产方式中把工人只看作一种“机器的延伸”的机械式管理方法，通过QC小组、提案制度、团队工作方式、目标管理等一系列具体方法，通过鼓励职工进行“创造性思考”以调动其积极性，并注重培养和训练工人以及各级管理人员的多方面技能，最大限度地发挥和利用企业组织中每一个人的潜在能力，由此提高职工的工作热情和工作兴趣。

⑥从管理理念上说，总是把现有的生产方式、管理方式看作是改善的对象，不断地追求进一步降低成本、降低费用、质量完美、缺陷为零、产品多样化等目标。这样的极限目标虽然从理论上来说是不可能实现的，但这种无穷逼近的不懈追求却可以不断产生意想不到的效果，即不仅是“白领阶层”，而且使大部分“蓝领阶层”的职工也提升了对工作的热情和兴趣，在工作中感受到了成功的喜悦。由此带来的则是质量和生产率的不断提高。

总而言之，**精益生产是一种在降低成本的同时使质量显著提高，在增加生产系统柔性的同时，也使人增加对工作的兴趣和热情的生产经营方**

式。与资源消耗型的大量生产方式相比，这是一种资源节约型、劳动节约型的生产方式。可以看出，如果说 JIT 生产方式是以生产制造系统为中心展开的话，精益生产是一种扩大了的涉及企业整体的生产经营模式。

3. 精益生产方式的本质特征及其普遍意义

精益生产方式的普遍意义首先在于，它不仅仅是一种基于日本社会、文化及政治背景的具有特殊背景的产物，还是顺应当今市场需求日益多变、技术进步日新月异、世界范围内的竞争日趋激烈的环境而产生的。这种环境背景无论对于日本还有其他国家的企业都是相同的，对于中国企业也一样。这样的环境特点要求工业生产向多品种小批量的方向前进，迫使企业在激烈的竞争中寻求更有效、效率更高的生产经营方式。**因此，生产方式的转变已是历史的必然，而精益生产方式，则给了我们一个很好的启示，为我们提供了很多值得借鉴的东西。**

日本的汽车制造企业、电器制造企业还有其他行业的企业，在这几十年内之所以赶上并越过了它们在欧美的竞争对手，一个不可忽略的重要因素，就是它们所开发的全新的生产组织方式和产品开发方式。这种能够低消耗、灵活地生产多种多样高质量产品的生产系统，是日本企业经营成功的最大原因所在。从这个意义上讲，精益生产方式所强调的彻底排除浪费，最大限度地发挥“命运共同体”中每一组织、每一成员的能力和积极性，以及不断改善等思想以及诸多方法，都是超越国界、具有普遍意义的。

精益生产方式的核心是具有高度灵活性、高效率的生产系统。但是，企业经营的成功，并不仅仅取决于优秀的生产作业及管理系统，还必须从市场预测、产品开发以至生产作业系统、零部件供应系统着眼各方面，直至流通、销售的一系列企业活动的整体上去追求高效率、低成本、高质量，同时也必须在企业组织、人力资源的利用、充分调动人的积极性等企业行为中谋求经营效率的提高。这是一个综合的系统工程。精益生产理论所采用的“lean production”一词也许容易使人立即联想到生产系统内部的组织方式、生产管理方法等。但恰恰相反，精益生产理论是一种用系统观点来分析、阐述的，包括经营全过程在内的全面的生产经营方式。

最后还应提及的是，**大量生产方式与精益生产方式的最大区别之一，可以说在于对人力资源的开发和使用上**。在实施精益生产非常成功的企业中，构成这些企业的产品质量好、生产柔性大、整体效益好的主要基础，是以优秀的“多面手”为代表的现场工人以及技术人员、基层管理人员的存在。他们具有强烈的企业归属意识和参与管理意识。产品在设计、制造过程中经过每一个技术人员、管理人员和工人的手中时，质量都会被把一次关，由此不仅带来了高质量和高生产率，更重要的是还改变了工作对人的意义。而人的积极性一旦被调动起来的话，其可以发挥的潜在能力是近于无穷的。从这个意义上来说，精益生产方式在人力资源的开发和管理上也给我们提供了极为有益的参考。

第九章
先进生产方式的新发展

近二三十年来，在世界范围内兴起了一场新的技术革命。在这场革命中，以信息技术为代表的高新技术，正以空前的速度转化为社会生产力，它们也必定会在制造业中产生深远的影响。

——[美]迈耳·哈默

一、最优生产技术

1. 最优生产技术的含义

最优生产技术（Optimized Production Technology，简称 OPT）的理论是 20 世纪 70 年代在以色列产生和发展起来的。OPT 的主要思想是，当市场需求量超出了企业的生产能力时，产品产出率就会因为受到某些工序产出率的限制，无法充分满足用户的需求。**一个企业只有同时提高产出率与降低库存和生产费用，才能有赢利的可能性。**因此，OPT 就把控制重点放在提高产出率和降低库存上面。为了最大限度地提高产出率，企业对其他零件的需要量也是由流经瓶颈工序零件的数量而定的。如果非瓶颈工序提供的零件超过瓶颈工序零件产出率，那些超出的部分就会形成在制品积压，不但不能增加产品产出量，而且会因过多生产出一时并不需要的零件，浪费了生产资源，增加了在制品库存，导致生产成本上升。因此，**OPT 的主要处理逻辑就在于找出瓶颈工序，**并使瓶颈工序上的资源（如设备、技术工人等）得到充分利用，同时安排好非瓶颈工序上的资源配置，使之能与瓶颈工序生产率保持同步，将在制品积压降到最低限度。

2. 最优生产技术的目标

最优生产技术是一种优化生产管理的技术，它吸收了 MRP 和 JIT 的长处，提供了一种新的管理思想。

OPT 的倡导者强调，任何制造企业的真正目标都只有一个，即在现在和将来都能赚钱。**要实现这个目标，必须在增加产销率的同时，减少库存和运行费。**

（1）传统生产方式的三个指标

传统生产方式下，衡量一个企业是否能赚钱，通常采用以下三个指标：

①净利润（NP）：一个企业赚多少钱的绝对量。一般来说，利润越高

的企业，其效益越好。

②投资收益率（POI）：表示一定时期的收益与投资的比。单位投资带来的利润越多，其效益越好。

③现金流量（CF）：表示短期内收入与支出的钱。没有一定的现金流量，企业也就无法生存下去。

以上三个指标主要考虑的是企业对现有资源的有效利用和安排。但是，它们并不能直接用于指导生产。

（2）最优生产技术的三个指标

按照最优生产技术 OPT 的观点，在生产系统中，作业指标有以下三种。

①产销率（T）。按 OPT 规定，它不是一般的通过率或产出率，而是单位时间内生产出来的产品并销售出去的量，即通过销售活动获取金钱的速度。生产出来但未销售出去的产品只能算作是库存。

②库存（I）。它是一项暂时不用的资源。它不仅包括为满足未来需要而准备的原材料，加工过程的在制品和一时不用的零部件，未销售的成品，还包括扣除折旧的固定资产。库存占用了资金，产生机会成本及一系列维持库存所需的费用。

③运行费（OE）。它是生产系统库存转化为产销量过程中的一切花费，其中包括所有的直接费用和间接费用。

如果以货币来衡量，T 是需进入系统的钱，I 是存放在系统中的钱，OE 则是将 I 变成 T 而付出的钱。

3. 最优生产技术的主要内容

（1）瓶颈和非瓶颈资源

在实际生产中，生产是一个动态过程，生产过程各阶段的生产能力平衡并不易达到。因此，生产过程中必然会出现有的资源负荷过大，成为卡“脖子”的地方，即变为瓶颈。这样，一个企业的制造资源就存在瓶颈与非瓶颈的区别。

按 OPT 的定义，瓶颈资源，指的是实际生产能力小于或等于负荷的资源。**这一类资源限制了整个企业生产产品的数量，其余资源则为非瓶颈资源。**

（2）按物流对企业的分类

企业的生产过程是从原材料开始到产品制造出来为止，是一个相互关联的活动过程。根据生产活动的内在关系，可以制定出一个详尽而周密的生产作业计划，规定出每一种毛坯、零部件和产品的投入、生产时间和数量。但在实际的生产过程中，计划好的活动程序常会被企业中大量存在的随机事件干扰和打乱，如机器损坏、质量问题，等等。要识别这些干扰，找出问题出在何处，手段之一是从“物流”着手。

通过对企业中的“物流”的分类，我们可以根据不同类型的“物流”的特点，认识它们各自的薄弱点或“瓶颈”所在，从而有针对性地对其进行计划与控制。一般企业会将“物流”从原材料到成品这一“产品物流”分为“V”“A”“T”三种类型：“V”型“物流”是由一种原材料加工或转变成许多不同的最终产品；“A”型“物流”是由许多种原材料加工或转变成的一种最终产品；“T”型“物流”则是“A”型“物流”的一个发展，其最终产品有多种。

实际上，一个企业的“产品物流”往往不止一种类型。我们可以根据占主要地位的“产品物流”来相应地划分企业。**如果一个企业主要是“V”型“物流”，那么，我们就称这个企业为“V”型企业，其余类推。**

炼油厂、钢铁厂等属于“V”型企业，其特点是：①最终产品的种类较原材料的种类大得多；②所有的最终产品，其基本的加工过程相同；③企业一般是资金密集型且高度专业化的。

造船厂属于“A”型企业，其特点是：①由许多已制成的零部件装配成相对较少数目的成品，原材料较多；②一些零部件对特殊的成品来说是唯一的；③对某一成品来说，其零部件的加工过程往往是不相同的；④设备一般是通用型的。

制锁厂、汽车制造厂等属于“T”型企业，其特点主要包括：①由一些共同的零部件装配成相对数目较多的成品；②许多成品的零部件是相同的；③零部件的加工过程通常是不相同的。

4. 最优生产技术在生产控制过程中的应用

OPT 在生产控制过程中的应用一般分为三大步。

(1) 找出瓶颈工序，合理确定作业计划

根据 OPT 的思想，首先要在生产系统中辨识可能产生的瓶颈，构造出关键资源和非关键资源网络，然后以瓶颈工序为基点确定作业优先权，通过对瓶颈工序流向关键资源网络的零件顺排（“推”的方式），对瓶颈工序前的和非关键资源网络的零件倒排（“拉”的方式）。由于瓶颈资源排序考虑了能力约束和相关作业优先权约束，因此，某个产品的最终完工期限可能与产品产出进度计划中的交货期要求有偏差，此时必须对产品产出进度计划进行修正，以保证上层计划（产品产出进度计划）与下层计划（自制件投入产出计划）是协调一致的。

(2) 关键资源调度优先

由于瓶颈资源约束着整个企业的产出，因此，必须仔细安排关键资源的使用。使瓶颈工序百分之百地负荷是 OPT 控制的重点，可采取适当提高瓶颈工序的加工批量办法节约设备调整时间，把更多的时间用于生产。

(3) 合理使用非关键资源

非关键资源调度的目的是使零件在非瓶颈工序上的投入产出时间与瓶颈工序的要求保持同步。为了降低在制品的占用和缩短提前期，可以考虑在某些工序上实行划小运输批量和加工批量的方法。而为了保证对瓶颈工序的供应能力，通常在瓶颈工序前设立一定的缓冲库存量，使得在发生原材料短缺或设备出现故障时不致影响瓶颈工序的正常运转。

二、敏捷制造

1. 敏捷制造的含义及其特点

敏捷制造（Agile Manufacturing，简称 AM）是美国为重振其在制造业中的领导地位而提出的一种新的制造模式。它的特点可概括为：通过先进的柔性生产技术与动态的组织结构和高素质人员的集成，着眼于获取企业的长期经济效益，用全新的产品设计和产品生产的组织管理方法，来对市场需求和用户要求做出灵敏和有效的响应。具体地讲，它有以下的特点。

（1）从产品开发到产品生产周期的全过程满足用户要求

敏捷制造采用柔性化、模块化的产品设计方法和可重组的工艺设备，使产品的功能和性能可根据用户的具体需要进行改变，并借助仿真技术让用户可以很方便地参与设计，从而很快地生产出满足用户需要的产品。**敏捷制造对产品质量的概念是：保证在整个产品生产周期内达到用户满意的程度。企业的质量跟踪将持续到产品报废，甚至直到产品的更新换代。**

（2）采用多变的动态组织结构

21 世纪衡量竞争优势的准则在于企业对市场反应的速度和满足用户的能力。而要提高这种速度和能力，必须以最快的速度把企业内部的优势和企业外部不同公司的优势集合在一起，组成为灵活的经营实体，即虚拟公司。

所谓虚拟公司，是一种利用信息技术打破时空阻隔的新型企业组织形式。它一般是某个企业为完成一定任务项目而与供货商、销售商、设计单位或设计师，甚至与用户所组成的企业联合体。选择这些合作伙伴的依据是他们的专长、竞争能力和商誉。通过这样，虚拟公司就能把与任务项目有关的各领域的精华力量集中起来，形成单个公司所无法比拟的绝对优势。当既定任务一旦完成，公司即行解体；当出现新的市场机会时，再重新组建新的虚拟公司。

虚拟公司这种动态组织结构，大大缩短了产品上市时间，加快了产品的改进发展，使产品质量不断提高，也能大大降低公司开支，增加收益。虚拟公司已被认为是企业重新建造自己生产经营过程的一个步骤，预计 10 年或 20 年之后，虚拟公司的数目会急剧增加。

（3）战略着眼点在于长期获取经济效益

传统的大批量生产企业，其竞争优势在于规模生产，即依靠大量生产同一产品，减少每个产品所分摊的制造费用和人工费用，来降低产品的成本。敏捷制造是采用先进制造技术和具有高度柔性的设备进行生产，这些具有高柔性、可重组的设备可用于多种产品，不需要像大批量生产那样要求在短期内回收专用设备及工本等费用。而且变换容易，可在一段较长时间内获取经济效益，所以它可以使生产成本与批量无关，做到完全按订单生产，充分把握市场中的每一个获利时机，使企业长期获取经济效益。

（4）建立新型的标准基础结构，实现技术、管理和人的集成

敏捷制造企业需要充分利用分布在各地的各种资源，要把这些资源集成在一起，以及把企业中的生产技术、管理和人力资源集成到一个相互协调的系统中。这就必须建立新的标准基础结构来支持这一集成。这些标准基础结构包括大范围的通讯基础结构、信息交换标准等的硬件和软件。

（5）最大限度地调动、发挥人的作用

敏捷制造提倡以“人”为中心的管理。强调用分散决策代替集中控制，用协商机制代替递阶控制机制。它的基础组织是“多学科群体”（Multi-Decision Team），是以任务为中心的一种动态组合，也就是把权利下放到项目组，提倡“基于统观全局的管理”模式。它要求各个项目组都能了解全局的远景，胸怀企业全局，明确工作目标和任务的时间要求。但完成任务的中间过程则由项目组自主决定，以此来发挥人的主动性和积极性。

显然，敏捷制造方式把企业的生产与管理的集成提高到一个更高的发展阶段。它把有关生产过程的各种功能和信息集成扩展到企业与企业之间的不同系统的集成。当然，这种集成将在很大程度上依赖于国家和全球信息基础设施。它将是企业走向信息时代的新迈进。

2. 实施最优生产技术的要求及条件

OPT 强调的是车间现场，其着眼于企业车间现场的一些决策量上，并据此来实现对生产的计划与控制。OPT 实施的关键是制订计划后的落实工作。在落实计划过程中，受传统的成本会计考核体系的影响。因为，成本会计体系忽视了瓶颈与非瓶颈的区别，其考核一般是通过设备和操作工人的利用率及生产成本，而不是通过整个系统的有效性来进行的，它着重于局部的优化，这助长了人们生产的盲目性，其结果无论是对瓶颈资源还是对非瓶颈资源都力求充分地使用。人们为完成工时和设备利用率会盲目生产，最终必然导致高库存和浪费。针对这种情况，OPT 则力求从全局的观点来进行考核，从原材料和采购一直追踪到产品销售。**其考核办法对瓶颈与非瓶颈是分别对待的，对非瓶颈的考核不应以生产量为依据，而应以它生产的有效的产品量来考核。**

另外，实施 OPT 还要求管理者必须对 OPT 产生的计划要有信心，要改变一些旧的作业方式，而且 OPT 软件的运行需要大量的数据支持。从 OPT 的实践表明，它比较适合一些基本的、简单的产品及很大的批量且所需工序较少的情况，而在单件生产车间中发挥的效果不佳。其适用条件为：瓶颈要相对稳定，瓶颈要保证达到 100% 的负荷能力，需求是相对稳定的，员工愿意而且能够服从计划的调度安排。

再者，OPT 对于动态的数据以及瓶颈和接近瓶颈资源的数据要求精确。实现 OPT 还需对员工进行培训，使他们能够在不同的生产岗位上及时发现问题、跟踪问题，最终用 OPT 的方法来解决问题。

3. 敏捷制造的基础结构

虚拟企业生成和运行所需要的必要条件决定了敏捷制造基础结构的构成。一个虚拟公司存在的必要条件包括四个方面：物理基础、法律保障、社会环境和信息支持技术。它们构成了敏捷制造的四个基础结构。

（1）物理基础结构

它是指虚拟企业运行所必需的厂房、设备、设施、运输、资源等必要的物理条件，它们的行为服从物理定律。它是指一个国家乃至全球范围内的物理设施。这样考虑的目的是，当有一个机会出现时，为了抓住机会，尽快占领市场，只需要添置少量必要的设备，集中优势开发关键部分。而多数的物理设施可以通过选择合作伙伴得到，这样就可实现敏捷制造。

对希望进行参与敏捷制造的企业来说，需要实现 CIMS，至少实现网络化，这样才能够将本企业的设备、人员、能力等情况，通过网络，让具有核心资格的企业或公司能够查询到这些信息，以便进行伙伴选择，形成虚拟企业。**企业运行中，可以通过网络接收或传送要加工产品或服务需求的技术信息和数控程序，以及参与虚拟企业的管理等。**

（2）法律基础结构

它也称为规则基础结构，是指虚拟企业运行所必须遵循的规则和国家关于虚拟企业的法律、合同和政策。具体来说，它规定出如何组成一个法律上承认的虚拟企业，如何交易，利益如何分享，资本如何流动和获得，如何纳税，虚拟企业破产后如何还债，虚拟企业解散后如何善后，人员如何流动等问题。由于虚拟企业是一种新的概念，它给法律界带来了许多新的研究课题。

（3）社会基础结构

虚拟企业要生存和发展，还需要一定的社会环境，即由社会提供为虚拟企业服务的公共设施等。例如，虚拟企业经常会解散和重组，人员的流动是一件非常自然的事。因而人员需要不断地接受职业培训、不断地更换工作环境。这些都需要社会来提供职业培训、职业介绍的服务环境。

（4）信息基础结构

这是指敏捷制造的信息支持环境，包括能提供各种服务的网点、中介机构等一切为虚拟企业服务的信息手段。

4. 敏捷制造模式的实施

国内外众多的经验证明，先进的制造技术必须在与之相匹配的制造模式中才能充分发挥作用。制造模式是指企业体制、经营、管理、生产组织、技术系统和资源的形态和运作的模式。敏捷制造是一种大量生产时代之后的制造产品、分配产品和提供服务的制造模式。在国外，敏捷制造被定义为能在不可预测的持续变化的竞争环境中取得繁荣成长，并具有能对由顾客需求的产品的服务驱动的市场做出迅速响应的能力。一个敏捷制造企业的主要特点如下：

- 企业内和跨企业的联通和集成，即虚拟企业的建造；

- 高度的生产柔性，主要是管理、组织和制造的柔性；
- 人力（包括体力和脑力劳动资源）的最优使用。

可以认为，敏捷制造的基础是精细生产（制造），而精细生产（制造）的基础则是模块化设计、成组技术、并行工程、JIT 生产和柔性制造。**敏捷制造强调了跨企业的虚拟集成，而精细生产则强调了企业内的精简和有效。**敏捷制造要求企业的主要组成环节的运行也应具有敏捷特点，包括以下几点：

- 市场信息的快速获取、分析和汇总；
- 企业的高质量快速决策；
- 跨企业的敏捷虚拟集成；
- 快速报价系统和实施并行工程的能力；
- 快速鲁棒优化设计能力；
- 高质量快速一次制造成功能力；
- 快速发货和优质快速售后服务；
- 生产过程中突发事件的快速处理。

就中国制造业现存条件看，宜首先解决市场信息获取、高质量决策、快速报价、鲁棒优化并行设计、一次制造成功、提高员工素质等方面的体制、管理、组织和技术问题，把实施敏捷制造的基础建设好，进而建造虚拟企业，提高生产柔性，优化人力资源使用，实施敏捷制造。

近 20 多年来，制造业的国际化和制造国际财团的形成与发展都比较快，面对日益激烈的竞争，即使是大企业也认识到企业之间除了竞争还需要互利的合作，每个成功的企业都有自己的优势和不足。因此，跨企业择优组织产品生产不失为一种较快、较好、较省地响应市场需求的策略。

三、计算机集成制造系统

1. 计算机集成制造系统的产生

早期的生产与运作管理主要依赖工厂主的个人经验。20 世纪以后，随着泰勒倡导的科学管理运动的蓬勃发展，人们逐渐寻求各种各样的优化生产与运营管理的科学方法，出现了诸如订货点法、经济生产批量法、物料需求计划方法等。到了 20 世纪七八十年代，世界经济形势发生了巨大变化，企业面临的市场竞争越来越激烈，承受的压力越来越大。企业的生产方式也发生了巨大的变化。**为了提高企业市场竞争能力，企业一方面继续寻求更好的生产与运营管理方法，如准时生产制、最优生产技术等，另一方面积极探索采用新的制造技术和生产组织方式**。其中，最具代表性的就是计算机集成制造系统（CIMS）。如今 CIMS 已成为 21 世纪制造业的主流技术。它的出现，彻底改变了人们对企业经营活动的传统认识，并对许多传统的观念提出了挑战，也使生产与运营管理又一次进入了发展新时期。

1974 年，美国的约瑟夫·哈林顿博士在《计算机集成制造》一书中首次提出计算机集成制造的概念，其中有两个基本观点。

①企业生产的各个环节，即从市场分析、产品设计、加工制造、经营管理到售后服务的全部生产活动是一个不可分割的整体，要紧密连接，统一考虑。

②整个生产过程实质上是一个数据的采集、传递和加工处理的过程。最终形成的产品可以看作是数据的物质表现。

综合这两个观点，可以看出，计算机集成制造（CIM）是信息技术和生产技术的综合应用，目的在于使企业更快、更好、更省地制造出市场需求的产品，提高企业的生产效率和市场响应能力。从生产技术的观点看，CIM 包含了一个企业全部的生产经营活动，是生产的高度柔性自动化的表现，它比传统的加工自动化的范围要大得多；从信息技术的观点看，CIM 是信息系统在整个企业范围内的集成，主要是体现以信息集成为特征的技术集成、组织集成乃至人的集成。因此，CIM 是生产组织的一种哲理、思想和方法。**当一个企业按 CIM 哲理组织整个企业的生产经营活动时，就构成了计算机集成制造系统（CIMS）**。

哈林顿博士是根据计算机技术在工业生产中的应用实践，预见其必然的发展趋势而提出 CIM 概念的。这一概念在进入 20 世纪 80 年代以后受到了企业界和学术界的广泛关注，并把它作为制造业的新一代生产方式。这是科学技术发展和市场需求变化综合作用的结果。

2. 计算机集成制造系统的一般结构

自1974年哈林顿博士首先提出CIM概念，至今已走过40年的发展历程。有关CIM的概念和定义虽然存在着多种观点，且经历了不少发展，但都保持了一个共同点，这就是“集成”。在自动化技术、信息技术和制造技术的基础上，在新的管理模式和生产工艺的指导下，把以往企业中相互孤立的、局部的工程设计、生产制造、经营管理等全部生产、经营活动所需的各种子系统，借助数据库和数字通信网络有机地集成起来，构成一个覆盖整个企业的综合系统，这就是CIMS。

不过，CIMS的具体结构在不同的企业则有不同的形式。例如，美国国家标准局建立在自动化研究试验基地，美国的IBM公司、DEC公司，德国的西门子公司，欧洲共同体的欧洲信息技术研究发展战略计划都提出了自己的CIMS结构框架。尽管这些公司或组织提出的CIMS模型各不相同，但从功能和组织要素上看却有着惊人的一致性。这就使我们可以从中提取CIMS的一般模型。

(1) CIMS的功能结构

从功能上看，CIMS包含了一个制造企业的设计、制造、经营管理三种主要功能，要使这三者集成起来，还需要一个支撑环境，即分布式数据库和计算机网络以及指导集成运行的系统技术，如图9－1所示。

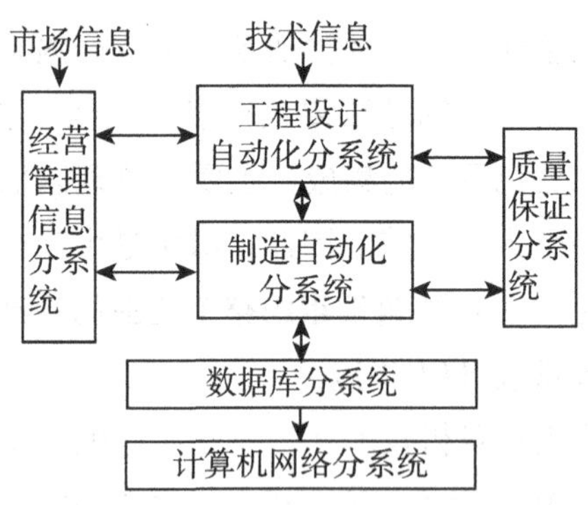

图9－1　CIMS功能组成示意图

①四个功能分系统，具体如下。

a. 管理信息分系统。它是以 MRPⅡ为核心，包括预测、经营决策、各级生产计划、生产技术准备、销售、供应、财务、成本、设备、工具、人力资源等管理信息功能，通过信息的集成，达到缩短产品生产周期、降低流动资金占用、提高企业应变能力的目的的分系统。

b. 产品设计与制造工程设计自动化分系统。它是用计算机来辅助产品设计、制造准备及产品性能测试等阶段的工作，即常说的 CAD/CAPP/CAM 系统。其目的是使产品开发活动更高效、更优质、更自动地进行。

c. 制造自动化或柔性制造分系统。它是 CIMS 中信息流和物料流的结合点，是 CIMS 最终产生经济效益的聚集地。它可以由数控机床、加工中心、清洗机、测量机、运输小车、立体仓库、多级分布式控制（管理）计算机等设备及相应支持软件组成。根据产品的工程技术信息、车间层的加工指令，完成对零件毛坯加工的作业调度及制造，使产品制造活动优化、周期短、成本低、柔性高。

d. 质量保证分系统。它包括质量决策、质量检测与数据采集、质量评价、控制与跟踪等功能。**系统保证从产品设计、制造、检验到售后服务的整个过程，以实现产品的高质量、低成本、提高企业的竞争力为目的。**

②两个支撑分系统，具体如下。

a. 计算机网络分系统。它是支持 CIMS 各个分系统的开放型网络通信系统。它采用国际标准和工业标准规定的网络协议，可以实现异种机互联，异构局部网络及多种网络的互联；以分布为手段，满足各应用分系统对网络支持服务的不同需求，支持资源共享、分布处理、分布数据库、分层递阶和实时控制。

b. 数据库分系统。它是支持 CIMS 各分系统，覆盖企业全部信息的数据库系统。它在逻辑上是统一的，在实物上可以是分布的全局数据管理系统，以实现企业数据共享和信息集成。

（2）CIMS 的技术结构

从结构上看，CIMS 的技术结构如图 9－2 所示。

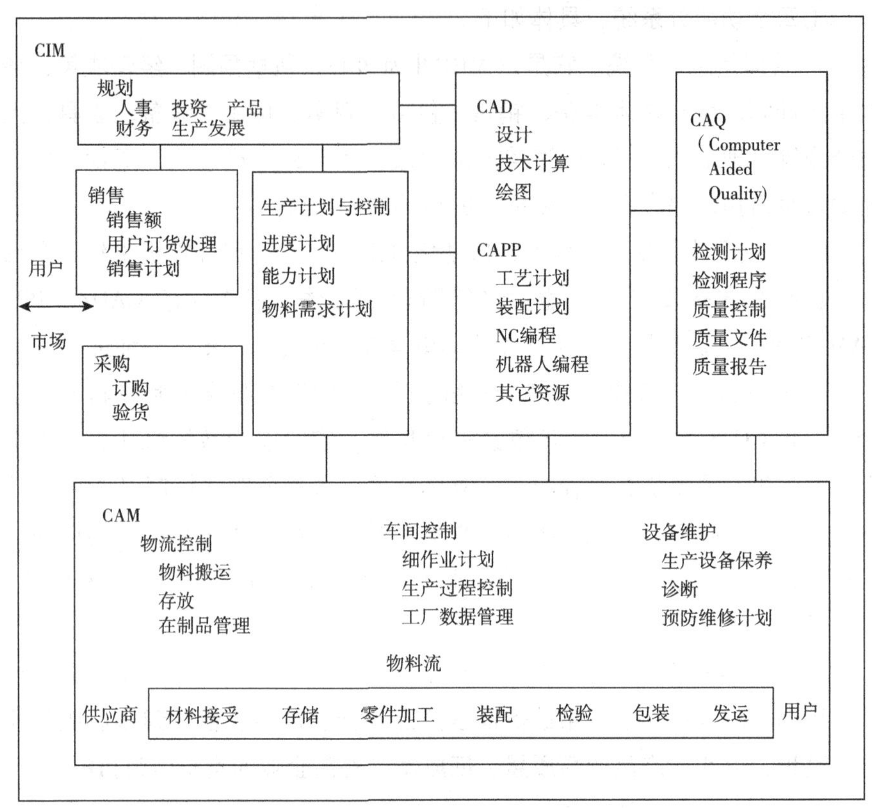

图 9－2 CIMS 技术结构示意图

3. 计算机集成制造系统集成的内涵

集成和连接不同，它不是简单地把两个或多个单元连在一起，而是将原来没有联系或联系不紧密的单元组成为有一定功能的、紧密联系的新系统。两种或多种功能的集成包含着两种或多种功能之间的相互作用。集成是属于系统工程中的系统综合、系统优化范畴。CIMS 的集成，从宏观上看主要包含以下 5 个方面。

（1）系统运行环境的集成

主要是将不同的硬设备、操作系统、网络操作系统、数据库管理系统、开发工具以及其他系统支撑软件集成为一个系统，形成一个统一的高效协调运行的应用平台，用户可通过该平台共享系统软硬件资源。

（2）**信息的集成**

从信息资源管理（IRM）出发，进行全企业的数据总体规划和系统分析与应用分析，统一规划设计建立数据库系统，使不同部门、不同专业、不同层次的人员，能在信息资源方面达到高度共享。

（3）**应用功能的集成**

对工程设计领域而言，应用功能的集成就是将决策支持系统（DSS）、计算机辅助管理、计算机辅助工程（CAE）、计算机辅助设计等应用系统融为一体，建成计算机集成工程设计系统（CIEDS）。

（4）**技术的集成**

开发建设面向行业应用的计算机集成应用系统是多种高技术的综合运用。例如，进行系统分析设计时，必然要运用系统工程理论以及某种系统开发方法论（如结构化方法、信息工程方法、面向对象方法，等等）作指导。又如网络通信技术、数据库技术、多媒体技术、可视化技术、并行工程与计算机支持的协同工作（CSCW）、人工智能与优化技术以及工程设计理论与技术和管理科学，等等，都需要多方面的高级技术人员参加和有关专家学者的技术咨询。

（5）**人和组织的集成**

首先，要开发建设集成应用系统，高层领导必须亲自介入，加强统一领导，自始至终坚持“管理人员、设计人员、计算机技术人员三结合”的原则。其次，随着集成应用系统规划、分析、设计和实施的逐步完成，企业必须促进管理机制的变化，使之真正达到管理机构和生产组织的现代化和科学化。最后，对集成应用系统的每一个管理者和使用者而言，都要有系统集成的明确观念，因为每一个人都将在系统的控制下进行工作，每个人的工作任务能否正确实时地完成，也将影响系统的维护和运行。

总之，人、组织和系统是不可分割的有机体，从系统的设计开发到系统建成后的应用、运行维护，起关键作用的仍然是人、组织和管理。

将上述几个特点简单归纳成一句话，就是：以网络为支撑、以数据库为核心，把各类功能分系统和应用软件有机地集合在一起，形成综合性的多功能的计算机集成应用系统。

4. 实施计算机集成制造系统效益

概括地讲，实施 CIMS 会提高企业的整体效益。具体体现如下。

（1）在工程设计自动化方面

在工程设计自动化方面，采用现代化工程设计手段，如 CAP/CAPP/CAM，可提高产品的研制与生产能力，便于开发技术含量高和结构复杂的产品，保证产品设计质量，缩短产品设计与工艺设计周期，从而加快产品更新换代的速度，满足用户的需要。

（2）在加工制造上的效益

在加工制造上，FMS、柔性制造单元（FMC）或分布式数控（DNC）的应用可提高制造过程的柔性与质量，提高设备利用率，缩短产品制造周期，提高生产能力。

（3）在经营管理上的效益

在经营管理上，使企业的经营决策与生产管理科学化。在市场竞争中，可保证产品报价的快速、准确、及时；在生产过程中，可有效地解决生产“瓶颈”问题，减少在制品；在库存控制方面，可使库存压到最低水平，减少制造过程所占用的资金，减少仓库面积，有效地降低生产成本，加快企业的资金周转。

总之，CIMS 通过计算机、网络、数据库等硬、软件将企业的产品设计、加工制造、经营管理等方面的所有活动有效地集成起来，有利于信息及时、准确地变换，保证了数据的一致性，提高产品质量、缩短产品开发周期，提高生产效率，带来更多的效益。

第十章
独立需求库存系统

企业的目标是“赚钱”，因此，库存成本的降低有助于企业目标的实现。通常说来，运转良好的库存控制系统能够正确地减少库存、降低成本、提高绩效并增加利润。

——［美］尼古拉斯丁·阿奎拉诺

一、库存的含义及作用

1. 库存的含义

库存是指企业组织中存储的各种物品与资源的总和。有人认为库存是存放在仓库中的物品，就像存放在蓄水池中的水一样暂时派不上用场的备用品。由于其不能马上为企业产生经济效益，同时企业却要为库存物资承担资金、场地和人员的占用而发生库存成本，因而存在需要控制的一面。但另一方面，库存又是企业生产所必备的，对保证企业生产的正常秩序作用重大，而具有积极的一面。因此，合理控制企业的物资库存是企业生产管理工作中的一项重要且经常性的工作。**具体地说，库存控制工作就是要确定企业的库存水平高低，监控库存变化方式以及如何补充库存等一系列库存策略。**

2. 库存的作用

库存策略的制订主要依赖于对生产过程和市场行情的仔细分析，在企业内库存主要是起着以下五个方面的作用。

（1）使企业获得规模经济

一个组织要想实现在采购、运输和制造等物流过程方面的规模经济，拥有一个适当的库存是必要的。大批量的订货能够使企业在众多方面获得优势：降低原材料的采购价格和运输费用，降低单位产品的制造成本，减少因缺货而形成的订单损失和信誉下降等。

（2）平衡供求方面的关系

季节性的供给和需求使企业不得不持有库存。例如在节日，产品需求量剧增，这就要求企业能够有充足的货源来迅速满足市场的需要。另外，某些产品的需求在一定的时期中可能相对比较平稳，但其相应的原材料的供给和需求变化较大，这同样会要求企业能够保留适当的原材料库存以保持生产的连续性，避开不利的价格变动。

（3）有助于物流系统的合理化

合理的仓库选址可以带来诸多方面的便利，减少耗费在运输配送方面的时间和费用。原材料能够从仓库中被合理地配送到各地的生产基地，满足生产的需要；产成品能够被迅速运往仓库，然后配送到各地满足顾客的需求。这些方面的专业化极大地节省了在运输环节的费用。

（4）预防需求和订货周期的不确定性

由于市场需求情况的瞬息万变以及订货周期的不确定性，库存常常会不足，从而导致缺货损失，这时库存就显得十分重要。存贮生产所需要的原材料不仅能够保持正常生产的连续性，还常常会在未来原材料价格的上涨或原材料的短缺时赚取额外的利润。

（5）在某些关键领域起到缓冲、调节的作用

库存在整个供应链的某些关键环节起着缓冲、调节的作用，它可以缓和由于物资供应的延迟、短缺而造成的对生产过程的冲击，可以作为配送环节的中介，调节生产过程中因原材料、半成品的不足而可能发生的比例失调。

三、库存问题的分类

1. 单周期库存与多周期库存

根据对物品需求的重复次数可将物品分为单周期需求与多周期需求。所谓单周期需求即仅仅发生在比较短的一段时间内或库存时间不可能太长的需求，也被称作一次性订货量问题。圣诞树问题和报童问题都属于单周期库存问题。多周期需求则指在足够长的时间里对某种物品的重复的、连续的需求，其库存需要不断地补充。**与单周期需求比，多周期需求问题普遍得多。**

单周期需求出现在下面两种情况：偶尔发生的某种物品的需求和经常

发生的某种生命周期短的物品的不定量的需求。第一种情况如由奥运会组委会发行的奥运会纪念章或新年贺卡，第二种情况如那些易腐物品（如鲜鱼）或其他生命周期短的、易过时的商品（如日报和期刊）等。对单周期需求物品的库存控制问题称为单周期库存问题，对多周期需求物品的库存控制问题称为多周期库存问题。

2. 独立需求库存与相关需求库存

来自用户的对企业产品和服务的需求称为独立需求。独立需求最明显的特征是需求的对象和数量的不确定性，因此只能通过预测方法粗略地估计。相对地，我们把企业内部物料转化各环节之间所发生的需求称为相关需求。相关需求也称为非独立需求，它可以根据对最终产品的独立需求精确地计算出来。比如，某汽车制造厂年产汽车30万辆，这是通过预计市场对该厂产品的独立需求来确定的。一旦30万辆汽车的生产任务确定之后，构成该种汽车的零部件和原材料的数量和需要时间是可以通过计算精确地得到的。对零部件和原材料的需求就是相关需求。相关需求可以是垂直方向的，也可以是水平方向的。产品与其零部件之间垂直相关，与其附件和包装物之间则水平相关。

独立需求库存问题和相关需求库存问题是两类不同的库存问题。后者将在第十二章作专门介绍，前者则是本章讨论的重点。另外，相关需求和独立需求都是多周期需求。对于单周期需求，是不必考虑相关与独立的。企业里成品库存的控制问题属于独立需求库存问题，在制品库存和原材料库存控制问题属于相关需求库存问题。

三、库存控制

1. 库存控制的任务

与其他的管理工作相类似，库存控制工作的难点是如何正确处理充分发挥库存功能的同时，尽可能地减低库存成本。此两者间存在一些内在的矛盾，在进行库存控制工作时应该侧重完成以下几项任务。

(1) **保障生产供应**

库存的基本功能是保证生产的正常进行，保证企业经常维持适度的存货，避免出现因供应不足而出现非计划性的生产间断。这是传统的库存控制的主要目标之一。现代的库存控制理论虽然对此提出了一些不同的看法，但保障生产供应仍然是库存控制的主要任务。

(2) **控制生产系统的工作状态**

一个精心设计的生产系统，均存在一个正常的工作状态。此时，生产按部就班地有序进行，生产系统中的库存情况，特别是在制品的数量，与该生产系统所设定的在制品定额相近。反之，如果一个生产系统的库存失控，该生产系统也很难处于正常的工作状态，因此，现代库存管理理论将库存控制与生产控制结合一体，通过对库存情况的监控，达到生产系统整体控制的目的。

(3) **降低生产成本**

控制生产成本是生产管理的重要工作之一，无论是生产过程中的物资消耗，还是生产过程中的流动资金的耗用，均与生产系统的库存控制有关。有资料表明，工业生产中，物资消耗常常占总成本的60%，同时，库存常常占用企业流动资金的80%以上。因此，有效的库存控制方法能使企业在保障生产的同时减少库存量，提高库存物资利用率，降低生产成本。这是成本控制的重要任务。

2. 独立需求的库存控制系统

库存控制系统有输入、输出、约束和运行机制四个方面，如图 10－1所示。

库存控制系统的输入、输出是各种资源，输入是为了保证系统的输出（对需求的供给），而没有资源的转化形式。约束条件指资金、空间等的约束，运行机制包括控制哪些参数以及如何控制。对于独立需求库存控制系统，输出端是不可控的。而输入端，即库存系统向外发出订货的提前期亦为随机变量，可以控制的一般是订货点（即何时发出订货）以及订货量

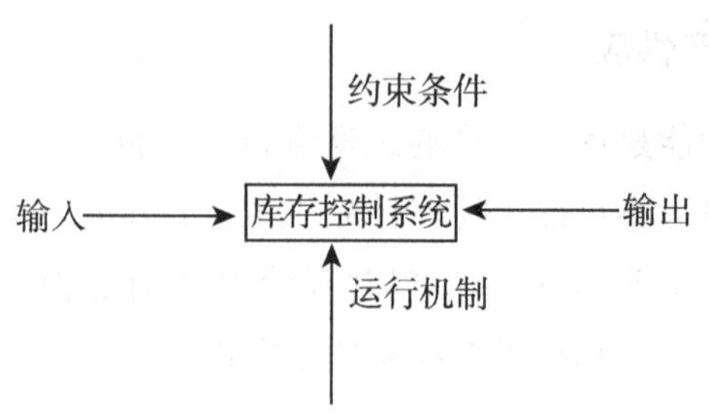

图 10－1　库存控制系统

(一次订多少)这两个参数，库存控制系统正是通过控制订货点和订货量来满足外界需求并使总体库存费用最低。

任何库存控制系统都要回答两个基本问题：什么时候再订货？一次订货的数量是多少？

在库存管理中，针对上面两个问题，对独立需求库存的控制可分为两大类：一是定量控制系统，通过观察库存是否达到重新订货点来实现；二是定期控制系统，通过周期性的观测实现对库存的补充。

(1) 定量订货控制系统

定量订货库存控制也称订货点控制，如图 10－2 所示。

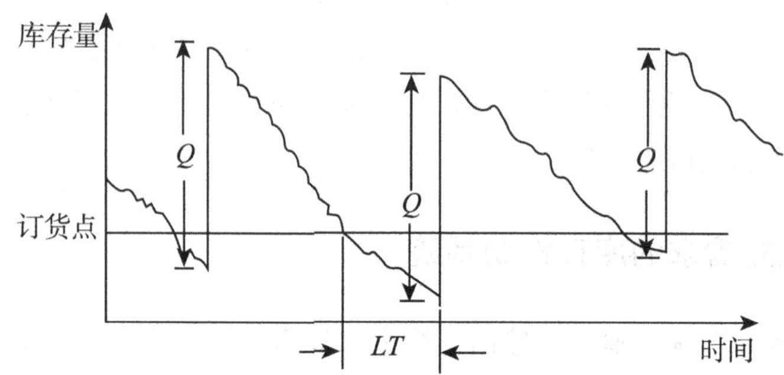

图 10－2　定量订货库存控制

图中 Q 是每次的订货量，LT 为订货提前期，是从发出订货至到货的时间分隔，包括订货准备时间、发出订单、供方生产、产品发运、产品到货验收、入库等过程，一般是随机变量。定量订货就是预先设定一个重新订货点，在日常生产活动中连续不断地监视库存水平，当库存量下降到订货点时就发出订货通知。每次按相同的订货批量 Q 补充库存。这种控制方法虽然工作量较大，但对库存量控制得比较严格，一般适用于重要物资的库存控制，有时为了减少工作量，可采用双仓控制（two-bin system），即将同一种物资分放两仓，一仓用完即发出订货。

（2）定期订货控制系统

针对定量订货费用较大、工作量较大的缺陷，定期订货控制系统按照预先确定的时间间隔，周期性地检查库存量，随后发出订货，将库存补充到目标水平。如图 10－3 所示。

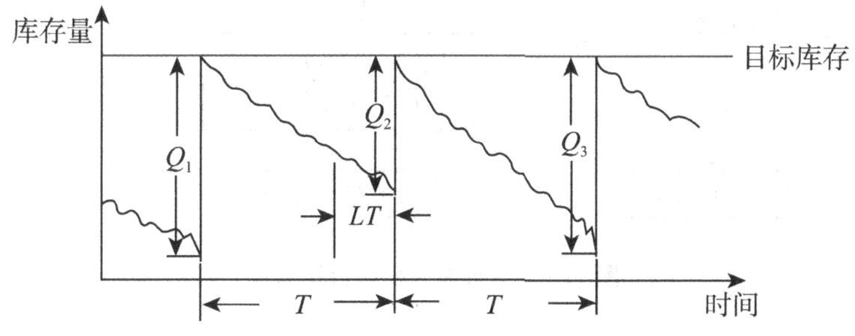

图 10－3　定期订货控制系统

图中的 Q_1、Q_2、Q_3 是各次的订货量，T 是库存检查周期，LT 仍为订货提前期。定期订货控制系统没有订货点，每次只按预定的周期检查库存，依据目标库存和现有库存状况，计算出需要补充的数量 Q，然后按订货提前期发出订货，使库存达到目标水平。

（3）两种独立需求库存系统的比较

定量订货控制系统与定期订货控制系统的基本区别在于定量订货系统是"事件驱动"，而定期订货系统是"时间驱动"。图 10－4 比较了这两种库存控制系统的运行结果，同时表 10－1 列出了两系统的区别因素。

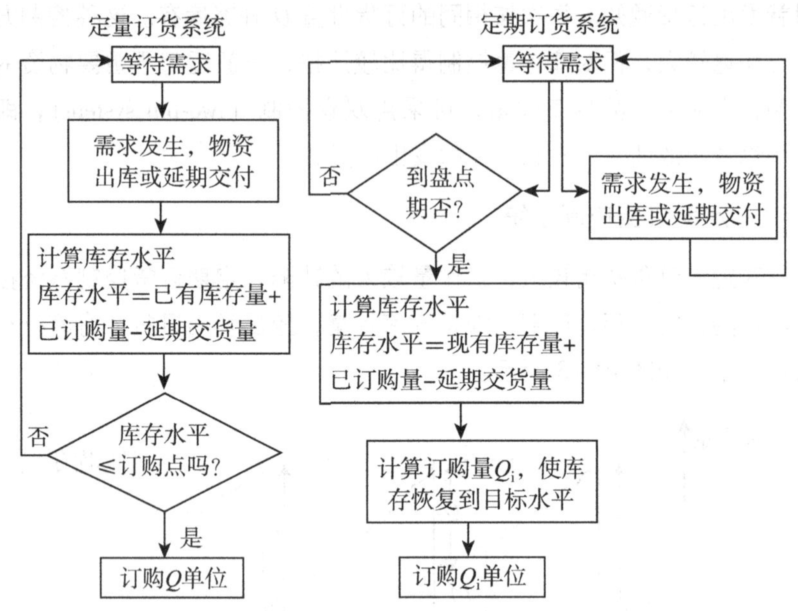

图 11－4　两种系统运行比较图

表 10－1　　两种系统的特征因素比较表

因素	定量订货系统	定期订货系统
订购量	每次订购固定批量 Q	每次订购量 Q_i 不同
何时订购	当库存量降至订购点	经固定周期 T
库存记录	每次出库都需记录	只在经 T 后时刻
库存量大小	较定期订货模型小	
工作量	较定期订货模型大	
适合物资类型	较昂贵、关键、重要的物资	

四、单周期库存控制模型

1. 单周期库存控制的关键点

对于单周期需求来说，库存控制的关键在于确定订货批量。对于单周期库存问题，订货量就等于预测的需求量。

由于预测误差的存在，根据预测确定的订货量和实际需求量不可能一致。如果需求量大于订货量，就会失去潜在的销售机会，导致机会损失——即订货的机会（欠储）成本。另一方面，假如需求量小于订货量，所有未销售出去的物品将可能以低于成本的价格出售，甚至可能报废，还要另外支付一笔处理费。这种由于供过于求导致的费用称为陈旧（超储）成本。显然，最理想的情况是订货量恰恰等于需求量。

为了确定最佳订货量，需要考虑各种由订货引起的费用。由于只发出一次订货和只发生一次订购费用，所以订货费用为一种沉没成本，它与决策无关。而库存费用也可视为一种沉没成本，因为单周期物品的现实需求无法准确预计，而且只通过一次订货满足。所以即使有库存，其费用的变化也不会很大。**因此，只有机会成本和陈旧成本对最佳订货量的确定起决定性的作用**。确定最佳订货量可采用边际分析的方法。

2. 单期存货的边际分析

设想某种商品每年只在销售季节之前订货一次，而且每年的流行款式不同，这种商品的存货就可以作为单期存货来处理。问题是本期订货以多少为宜，订得少而销路好则可能少赚钱，订得多可能销不完则会出现积压。如果积压 1 件所产生的机会成本为 C_o，销售 1 件的边际贡献为 C_u，则只要考虑订货量增大的边际利益是否大于边际损失就可以决定是否扩大订货量。如果第 D 件可以销售出去的概率为 $P(D)$，则第 D 件应包括在本次订货之内条件为：

$$P(D)C_u > [1 - P(D)]C_o$$

作为最优条件，取上式的不等号为等号，经化简后可得

$$P(D) = C_o/(C_o + C_u)$$

也就是，最优的订货量 D 是使第 D 件商品的出售概率为 $C_o/(C_u + C_o)$ 的数量。

五、多周期库存控制模型

1. 简单条件下的经济订购批量控制模型

所谓简单条件是指假定在控制过程中所涉及的物资品种单一，不允许出现缺货现象，采购条件中不规定商业折扣条款，每批订货均能一次到货，在这种条件下建立的经济订购批量控制模型为基本模型。此时控制的存储总费用只包括订购费用和保管费用两项。这两类费用与物资的订购次数和订购数量有密切的关系。在物资总需要量一定的条件下，由于订购次数多，每次订购数量就小，订购费用就大，而保管费用则小；反之，每次订购数量就大，订购费用就小，而保管费用则大。因此，订购费用和保管费用两者是互相矛盾的，确定简单条件下的经济订购批量，就是要选择一个最适当的订购批量，使有关的订购费用和保管费用两者的总和最低。

在实际工作中，可通过建立一定的数学模型来计算经济订购批量。

设以 T 代表简单条件下的存储总费用，R 代表物资年需要量，C 代表物资单价，S 代表一次订购费用，K 代表年保管费率，Q 代表一次订购量。则：

年订购费用 $=\frac{R}{Q}\times S=\frac{RS}{Q}$

年保管费用 $=\frac{Q}{2}\times CK=\frac{QCK}{2}$

上述公式中，$\frac{R}{Q}$表示订购次数，$\frac{Q}{2}$表示平均库存量，因为每次订购到货时，库存量为 Q，到下一次订购到货前，库存量为 0，则平均库存量为 $\frac{(0+Q)}{2}=\frac{Q}{2}$。

由于简单条件下的存储总费用为订购费用和保管费用之和，所以：

$$T=\frac{RS}{Q}+\frac{QCK}{2}$$

要求总费用 T 为最小，可用导数求解：

$$\frac{d(T)}{dQ}=-\frac{RS}{Q^2}+\frac{CK}{2};$$

令 $-\frac{RS}{Q^2}+\frac{CK}{2}=0$；

$$Q^2=\frac{2RS}{CK};$$

$$Q=\sqrt{\frac{2RS}{CK}};$$

即当 $Q=\sqrt{\frac{2RS}{CK}}$时，为最经济的订购批量。

以最经济的订购批量（$Q=\sqrt{\frac{2RS}{CK}}$）代入 T 的公式，并求解：

$$T=\frac{RS}{\sqrt{\frac{2RS}{CK}}}+\frac{\sqrt{\frac{2RS}{CK}}\cdot CK}{2}$$

$$=\sqrt{2RSCK}.$$

2. 复杂条件下的经济订购批量控制模型

上面讲的是经济订购批量的基本模型，在实际工作中往往会碰到各式各样的问题，必须对基本模型进行调整。下面将对最常见的两种情况分别加以说明。

（1）存在商业折扣时的经济订购批量控制模型

在实际工作中，当物资订购数量达到一定额度时，往往可以享受价格折扣优惠。在这种情况下，在确定订购批量时就要在由于折扣而获得的价格优惠以及由于减少订购次数而节省的订购费用，与随着订购批量扩大而增加的保管费用之间取得平衡，从而对是否要接受价格折扣而增大订购批量做出决策。在决策时可按下列步骤计算。

①计算打折扣后的经济订购批量。**如果计算出来的订购批量等于或大**

于打折扣的订购起点量，即为最优解。

设以无价格折扣时的经济订购批量为 Q_1，原来的物资单价为 C_1，打折扣的订购起点量为 Q_m，打折扣后的物资单价为 C_2，打折扣后的经济订购批量为 Q_2。则：

$$Q_1 = \sqrt{\frac{2RS}{C_1K}}; \quad Q_2 = \sqrt{\frac{2RS}{C_2K}}$$

当 $Q_2 \geqslant Q_m$ 时，则 Q_2 为最优解。如果 $Q_2 < Q_m$，以 Q_m 为经济订购批量是否为最优解，还要进行第二步计算。

仍以简单条件下经济订购批量控制模型举例的数字为基础，现假定供货单位规定，当订购量达到 1000 公斤时，可享受 5% 的价格优惠，即由 $C_1 = 10$ 元，降为 $C_2 = (9)5$ 元。代入公式：

$$Q_2 = \sqrt{\frac{2 \times 1\ 200 \times 300}{(9)\ 5 \times 0.2}} = 616 \text{（公斤）}$$

由于 616 公斤小于订购起点量 1000 公斤，所以是否最优解，还要进行第二步计算。

②分别计算以 Q_1 及 Q_m 为经济订购批量的存储总费用。如果新的总费用小于原来的总费用，即为最优解。

假定原来的总费用为 T_1，新的总费用为 T_2。

$$T_1 = \frac{RS}{Q_1} + \frac{Q_1C_1K}{2};$$

$$T_2 = \frac{RS}{Q_m} + \frac{Q_mC_2K}{2}$$

当 $T_2 < T_1$ 时，即为最优解；如果 $T_2 > T_1$，则要进行第三步计算。以上面的数字代入：

$$T_2 = \frac{1\ 200 \times 300}{1\ 000} + \frac{1\ 000 \times (9)5 \times 0.2}{2} = 1310 \text{ 元}$$

已知 T_1 为 1 200 元。由于 $T_2 > T_1$，所以是否最优解，还要进行第三步计算。

③比较材料成本降低额和总费用超支额。如果材料成本降低额大于费用超支额，则 Q_m 为最优解；反之，还是放弃价格折扣优惠更为有利。

材料成本降低额 $=R(C_2-C_1)=1200\times(10-9.5)=600$ 元

总费用超支额 $=T_2-T_1=1310-1200=110$ 元

由于 $600>110$ 元，说明享受价格折扣优惠，将经济订购批量扩大到打折扣的订购起点量 1000 公斤是有利的。

(2) 允许缺货条件下的经济订购批量控制模型

经济订购批量基本控制模型的建立，以不允许出现缺货现象为前提之一。实际上，因供货方或运输部门的问题导致所采购的物资无法及时到达企业，造成缺货损失的情况时有发生。在允许缺货时的存储总费用，就不仅包括订购费用和保管费用，还要包括缺货损失费用。而且，在允许缺货的情况下，物资的最低库存量就可能不是零，而会表现为负数。因此，研究允许缺货情况下的经济订购批量，先要研究允许缺货情况下的库存情况。

(3) 分批连续进货的经济订购批量控制模型

在连续补充库存中，有时，不是整批瞬时完成进货，而是分批连续进货，并且还是边补充边供应，一直达到最高库存量。这时，企业不再继续进货而是只向需用单位供货，直到库存下降到零才开始另一个库存周期。如图 10－5 所示。

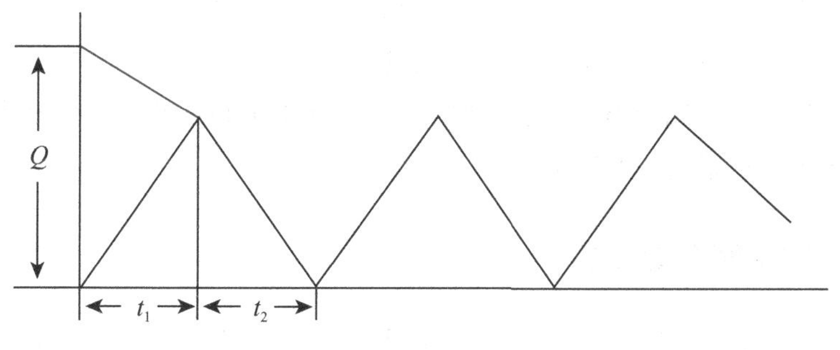

图 10－5

设一次订购量为 Q，物资分批进货量为 P（公斤/天），耗用量为 R'

（公斤/天），而且 $P>R'$。分批补充库存需要的时间为 t_1，库存逐步增加；不进货的时间为 t_2，库存逐步减少。则：$t_1=\dfrac{Q}{P}$

在 t_1 时间内的最高库存量为：$(P-R')\ t_1$；

在整个库存周期 (t_1+t_2) 内的平均库存量为：$\dfrac{(P-R')\ t_1}{2}$

用 $t_1=\dfrac{Q}{P}$ 代入，平均保管费用为：$(\dfrac{P-R'}{2})\cdot(\dfrac{Q}{P})\cdot CK$；

存储总费用为：

$$T=\frac{RS}{Q}+(\frac{P-R'}{2})\cdot(\frac{Q}{P})\cdot CK;$$

求导，解出：

$$Q=\sqrt{\frac{2RS}{CK\ (1-\frac{R'}{P})}};$$

当 Q 为经济订购批量时，总费用的计算公式是：

$$T=\sqrt{2RSCK\ (1-\frac{R'}{P})}.$$

六、不确定条件下的库存管理

对于企业来讲，不确定条件下的库存管理显得更为重要，面对变化的顾客需求和不确定的物流运输环境，企业必须保持适量的产品库存来满足顾客的需求，预防由于顾客需求增加和提前期延长所带来的缺货情况的发生。**在这种情况下，如何确定合理的产品库存水平和准确的订货时点，就成为企业所面临的主要问题。**

1. 安全库存的概念

安全库存是库存的一部分，它主要是为了应对在需求和订货点发生短期的随机变动而设置的。在这样的背景下，企业通过建立适当的安全库存，减小缺货的可能性，从而在一定程度上降低库存短缺成本。但安全库存的加大会使库存持有成本增加，因而，必须在缺货成本和库存成本两者之间进行权衡。

安全库存量的大小，主要由顾客服务水平（或订货满足率）来决定。所谓顾客服务水平，就是指对顾客需求情况的满足程度，用公式表示如下：

$$顾客服务水平 = 年缺货次数/年订货次数 \times 100\%$$

顾客服务水平（订货满足率）越高，说明缺货发生的情况越少，从而缺货成本就较小，但因增加了安全库存量，导致库存的持有成本上升；而顾客服务水平较低，说明缺货发生的情况较多，缺货成本较高，安全库存量水平较低，库存持有成本较小。因而我们必须综合考虑顾客服务水平、缺货成本和库存持有成本三者之间的关系，最后确定一个合理的安全库存量。

2. 安全库存量的计算

对于安全库存量的计算，我们将借助于数理统计方面的知识，对顾客需求量的变化情况和提前期的变化作一些基本的假设。从而在顾客需求发生变化、提前期发生变化以及两者同时发生变化的情况下，分别求出各自的安全库存量。

（1）需求发生变化，提前期为固定常数的情形

先假设需求的变化情况符合正态分布，由于提前期是固定的数值，因而我们可以直接求出在提前期内的需求分布的均值和标准差。**或者可以通过直接的期望预测，以过去提前期内的需求情况为依据，从而确定需求的期望均值和标准差，这种方法的优点是能够让人容易理解。**

当提前期内的需求状况的均值和标准差一旦被确定，就可以利用下面的公式可以获得安全库存量 SS。

$$SS = z\sigma_{\mathrm{d}}\sqrt{L}$$

式中：σ_{d}——在提前期内，需求的标准方差；

L——提前期的长短；

z——一定顾客服务水平下需求变化的安全系数，如图 10－6 所示：

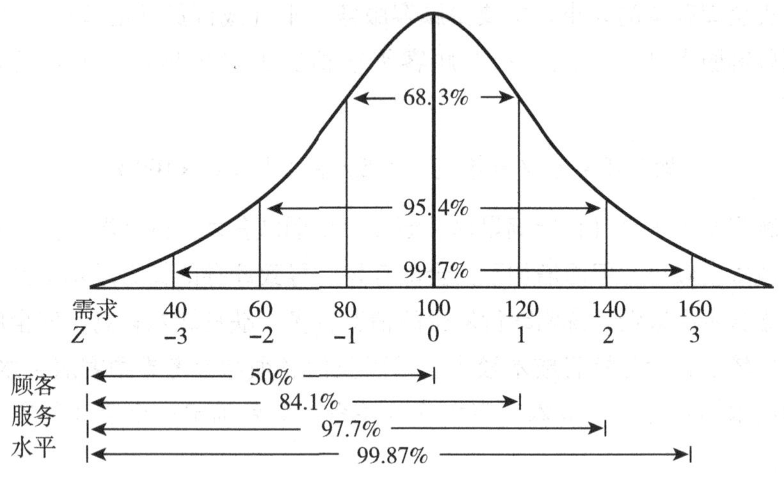

图 10－6　顾客服务水平与 Z 的关系

从而，可以得出表 10－2。

表 10－2　　顾客服务水平

顾客服务水平（%）	Z	顾客服务水平（%）	Z
8（4）1	（1）0	9（8）9	（2）3
90.3	（1）3	9（9）5	（2）6
9（4）5	（1）6	9（9）9	（3）0
9（7）7	（2）0		

（2）提前期发生变化，需求为固定常数的情形

如果提前期内的顾客需求情况是确定的常数，而提前期的长短是随机变化的，在这种情况下：

$$SS = zd\sigma_{\mathrm{L}}$$

式中：z——一定顾客服务水平下的安全系数；

σ_{L}——提前期的标准差；

d——提前期内的日需求量。

(3) 需求情况和提前期都是随机变化的情形

在多数情况下，提前期和需求都是随机变化。此时，我们假设顾客的需求和提前期是相互独立的，则：

$$SS = z\sqrt{\sigma_d^2 L + d^2 \sigma_L^2}$$

式中：z——一定顾客服务水平下的安全系数；

σ_L——提前期的标准差；

σ_d——在提前期内，顾客需求的标准差；

$\bar{d}$——提前期内的平均日需求量；

$\bar{L}$——平均提前期水平。

3. 订货点的确定

订货点指库存量降低到某个水平时，就应该订货，再迟会发生缺货。

在需求和提前期都是确定的情况下，订货点的公式为：

$$RL = DT$$

式中：RL——订货点；

D——平均日需求量；

T——提前期。

这个公式说明在顾客需求和提前期均确定的条件下，订货点就等于提前期内的需求量，即如果提前期的需求量是 50 个单位，则订货点就等于 50 个单位。但这种方法仅限于在需求和提前期都是确定的情况下才可以使用。

在实际的情况中，这样的情形是不常见的，更多的是会遇到各种各样的情形，当提前期或需求情况都不确定时，由于不能完全确定在提前期内的需求量，因而就给库存增加了潜在的缺货可能。**造成这种随机变化的原因可能仅来自需求一方的随机变化，或者仅来自提前期一方的随机变化，又或者两者兼而有之。**需求量的突然增加或者提前期的变动增加了库存物资的供应压力，从而可能导致缺货。显然，考虑了不确定因素后，订货点公式就要作出调整，在订货点水平上，除了期望的库存需求量外，还应该加上安全库存量。公式如下：

$$
\begin{aligned}
RL &= \text{提前期内的期望需求量} + \text{安全库存量} \\
&= Q + SS \\
&= \bar{d} \times \bar{L} + SS
\end{aligned}
$$

式中：RL——订货点的订货数量；

$\bar{d}$——提前期内的日平均需求量；

$\bar{L}$——平均提前期水平；

SS——安全库存量。

第十一章
物料需求计划系统

对于一个管理有方的企业，最关键的事情莫过于根据准确的库存量和真实的生产能力来制定可靠的生产计划，MRP系统的出现解决了这一切，保证了生产和库存管理的规范化。

——［美］沃德·戈达德

一、物料需求计划系统概述

企业内部物料转化环节之间发生的需求是相关需求，它可以根据对最终产品的独立需求精确地计算出来。在处理相关物料的生产和库存问题时，传统的库存控制理论效果不佳，而一种新的物料需求计划系统（Material Requirement Planning，简称 MRP）却能够出色完成任务。

1. 物料需求计划系统的基本思想与功能

（1）MRP 的基本思想

MRP 的基本思想是围绕物料转化组织制造资源实现按需要生产，即只在需要的时候，向需要的部门，按需要的数量，提供所需要的物料。就是说，它既要防止物料供应滞后于对它们的需求，也要防止物料过早地出产和进货，以免增加库存，造成物资和资金的积压。

物质资料的生产是将原材料转化为产品的过程。对于加工装配式生产来说，如果确定了产品出产数量和出产时间，就可按产品的结构确定产品的所有零件和部件的数量，并可按各种零件和部件的生产周期，反推出它们的出产时间和投入时间。物料在转化的过程中，需要不同的制造资源（机器设备、场地、工具、工艺装备、人力和资金等），有了各种物料的投入出产时间和数量，就可以确定对这些制造资源的需要数量和需要时间，就可以围绕物料的转化过程，组织制造资源，实现按需要准时生产。

按照 MRP 的基本思想，从产品销售到原材料采购，从自制零件的加工到外协零件的供应，从工具和工艺装备的准备到设备维修，从人员的安排到资金的筹措与运用，都要围绕 MRP 的基本思想进行，从而形成一整套新的方法体系，涉及企业的每一个部门、每一项活动。因此，我们说，MRP **是一种新的生产方式。**

（2）MRP 的基本功能

为满足上述的相关性需求，MRP 系统应具有以下的计划与控制功能：

● 向生产和供应部门提供准确和完整的物料清单，包括它们的需要期限；

● 充分利用库存来控制进货量和进货时间，在保证满足生产需要的前提下最大限度地降低库存；

● 按产品的出产进度要求，并根据零部件的工艺路线和定额工时，提出对各时间周期内有关生产单位的生产能力需要量计划；

● 能对物料项目做出优先顺序的安排，提出每一时间期应予优先处理的项目，以保证生产活动始终按产品出产进度计划的要求进行；

● 动态跟踪计划的实施，根据生产的实际进度、生产能力以及厂级计划的变化，更新物料需求计划。

2. 物料需求计划系统的发展历程

早在 20 世纪 60 年代初期，人们就提出了 MRP 理论的雏形。1975 年，美国的约瑟夫·奥里奇（Joseph Orlicky）出版发表的《物料需求计划：生产与库存管理的新方式》的一书中，提出了一些具有重要影响的新观点，标志着 MRP 理论与方法体系的成熟。相关内容有：其一，零部件、原材料的库存管理不同于最终产品，其需求取决于最终产品，属于相关需求；其二，最终产品需求一经确定，零部件、原材料的需求量就可精确计算出来，不需要进行没意义的分别预测；其三，采用订货点法对最终产品进行库存控制时，所引起的相关需求可能是不连续、不均衡的，不宜采用订货点法；其四，借助计算机可迅速完成相关需求的计算。

时至今日，MRP 系统仍在不断发展和完善，归结起来，大致可分为 4 个阶段。

（1）MRP——物料需求的计算工具

MRP 仅仅作为一种计算工具，完成从最终产品需求计算相关需求的庞大复杂工作，即明确有关何时订购（或生产运作）物料、订购多少、何时交货的答案，但不涉及答案能否实现方面的问题时，不过是一个计算机软件系统。**可见，MRP 实质上代表了一种计算过程，只是编制生产运作作业计划的手段，并不是计划本身。**

（2）闭环 MRP——用于计划和控制的信息系统

现实中，仅仅给出相关需求的计算结果还远远不够，还必须分析计算出需求的可行性，把计划编制与实施的科学性问题考虑进去。扩展后的MRP，增加了平衡物料需求与生产运作能力、确定了各项订单或生产运作任务的相对优先度、反馈了采购和生产运作实际运行情况的信息并调整了需求安排等内容。此时的 MRP 是一种科学的生产运作作业计划管理系统，本身代表着已经编制好的生产运作作业计划，并与计划的实施和控制相联系。

（3）MRPⅡ——制造资源计划

为了保证计划的成功，提高计划对企业战略与目标的支持程度，MRP也需要跳出生产运作作业计划和生产运作系统的范围，用企业整体的观点指导和处理生产运作作业计划的编制、实施和控制问题。这就要求对 MRP进一步扩展，把物料需求与企业其他资源（如人力、资金）的平衡、生产运作计划与企业战略和经营计划的协调、特别是生产运作过程和财务分析与控制的结合等有关内容囊括进来，而且企业其他部门还要根据 MRP 提供的信息编制和协调各自的计划。**这种新的 MRP 促成了企业内部制造资源的整合，统一了企业的生产经营活动，被称为制造资源计划，简称 MRPⅡ。**

（4）ERP（Enterprise Resources Planning）——企业资源计划

随着企业生产经营环境的日趋复杂多变，为了适应新的竞争形势，在敏捷制造、精细生产的新管理思想指导下创建世界级制造系统的努力越来越受到高度重视。ERP 正是按照市场导向、迅速响应的敏捷制造目标对MRPⅡ改造的产物。如果说 MRPⅡ解决的是企业内部的物流问题，那么，ERP 就是针对供应链管理的所有主导功能，突破了企业内部范围的限制，发展的一种集成不同企业的 MRPⅡ的新系统。与此同时，ERP 对企业内部的各项业务与关系实施流程再造，采用了更灵活的组织与管理方式，对柔性制造提供更强有力的支持。目前 ERP 还处在不断发展中。

二、物料需求计划系统的工作原理

1. 物料需求计划系统的信息流程

如图 11－1 所示的是 MRP 的信息流图。图中描述了 MRP 程序运行所需要的信息和 MRP 程序运行之后所得到的有关计划以及信息的反馈环。图中也显示了 MRP 程序所生成的信息的类型以及为保证系统正常运行所必须精确维护的某些文件。

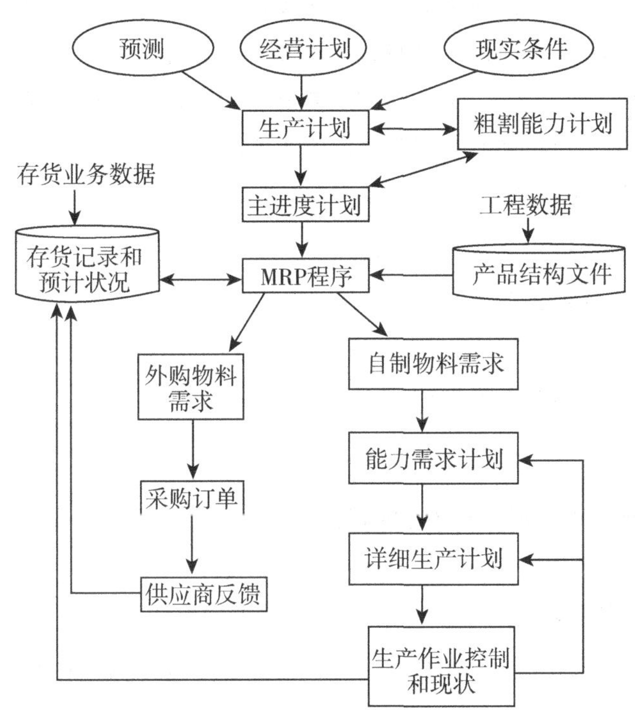

图 11－1　MRP 程序用于计划和控制的信息流图

公司的最高层经理编制的经营计划，是用于协调公司各个部门活动的。生产计划，代表在执行经营计划中的制造责任。**生产计划中每个产品系列的预计产量，是按月或按季列示的。**关于生产计划以及生产能力的集成计划的问题已在第三章讨论过。在集成计划中，对生产计划在生产能力方面的可行性已经作了检验。

主生产进度计划，是从生产计划中拆解出来的。在主生产进度计划中，通常都会明确每周应生产的各个具体品种的产量。主生产进度计划，是 MRP 系统的主要输入，它对系统起驱动作用。MRP 所编制的物料需求计划，比主生产进度计划更加详细。在物料需求计划中，所有最终产品的生产所需的各种物料的采购和生产开始时间、完工时间、产量或订货量等信息都将被确定下来。

当采购订单发出时，所订货物的计划时间就已经确定了。这方面的信息以及从供应商反馈回来的信息，都将保存在存货状态文件中。类似地，自制零件的生产指令的完成情况也会被反馈。生产的实际进度信息，在下一次运行 MRP 时被利用。这样，就构成了一个闭路循环。这也是闭环 MRP 中闭环的含义所在。建立在经常更新的实际情况的有关信息之上的计划，要比没有信息反馈时编制的计划更加精确和可行。

运行 MRP 可以获得的信息有：

- 应当订购或生产的物料的品种；
- 生产指令的优先级；
- 应当取消或中止的长期订单；
- 各项物料的分期需求；
- 各种能力的分期负荷信息。

2. 物料需求计划系统的输入

(1) 社会需求

社会对产品的需求来自两个方面：有规律的顾客订货和随机发生的订货。在正常经营情况下，企业常常从顾客处收到订单，指明订货的具体项目、数量和交货日期。这些订货常常由企业销售部门接收处理。除了老顾客订货外，还有随机发生的订货，这些可通过传统的统计分析方法进行预测。对于这部分需求，可经过进一步的分析来决定该产品的保险储备量、订货点和订货量以保证一定的服务水平。

除了对最终成品的需求之外，顾客还常常会订购一些零部件作为备用

件或保养和修理之用。

这种有规律的顾客需求与随机需求构成了主生产计划的输入资料。

(2) 主生产计划

主生产计划(Master Production Schedule,简称 MPS),实际上就是企业的产品出产的进度计划。在该计划中明确规定了企业生产的产品品种、规格、数量和交货期等详细资料。这一计划通常由企业计划部门编制。在安排产品出产进度时,首先要按照社会需求和轻重缓急,在计划生产的时间和数量上予以保证;其次要尽量使企业的设备、劳动力等资源得到合理利用,使进度安排与生产能力相适应,并均衡地出产产品。

MRP 程序能区分输入的主生产计划是否可行,是因为一个用最终产品分类表示的、看来是可行的主生产计划,当用零部件来加以表示时,就可能显示出同企业能力不相适应的情况。为了使之符合企业现有能力,必须用 MRP 程序进行不断的试算和修改,直到输入 MRP 系统的主生产计划进度表成为一个可以接受的计划进度表为止。

一旦得出了主生产计划,必须分品种列出制造最终产品的零部件和材料的需求。

(3) 产品结构文件

产品结构文件又称物料清单(Bill of Materials,简称 BOM)。BOM 是表示产品结构的一组信息,它包括组成产品项目的所有零件、部件、毛坯、原材料等的有关信息。BOM 不只是零部件的清单,还应反映零部件在产品项目的结构层次以及最终产品在各个生产阶段的先后次序。BOM 在 MRP 系统中主要是用来反映相关需求的信息。例如,当最终产品的需求量定下来以后,组成该最终产品的各种零部件的需求量就可以利用 BOM 确定下来。**在表示产品结构信息的方法上,产品结构树是一种比较直观和常用的一种方法。**

产品结构树又称产品结构图,它表示一个产品是如何生产出来的。它是从最终产品出发,把产品作为一个系统来考虑,每个产品从总装→部装→部件→零件可划分为几个层次,即说明在这个产品系统中包含了多少零部件以及它们是如何组成的,如图 11－2 所示。

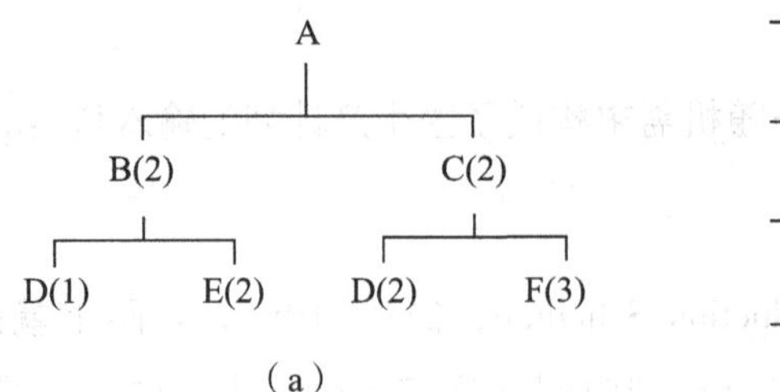

（a）

第0层	A
第1层	B、C
第2层	D、E、F

（b）

图 11-2　产品结构示意图

从图中可看出：第 0 层的 A 是最终产品，它由 2 个 B 和 2 个 C 零部件组成；第一层的 B 由 1 个 D 和 2 个 E 组成，C 是由 2 个 D 和 3 个 F 组成；第二层，D、E、F 已是最细分的零件和材料，而其中 D 是 B、C 的通用件。

产品结构信息通常以基本文件的方式储存在计算机中。

（4）库存状态文件

产品结构文件是相对稳定的，库存状态文件却是处于不断变动之中的。MRP 每运行一次，它就发生一次大的变化。MRP 系统关于订什么、订多少、何时发出订货等重要信息，都存储在库存状态文件中。

库存状态文件包含每一个零部件的记录。表 11-1 为部件 C 的库存状态文件的记录。其中，时间是这样规定的：现有数为周末时间数量，其余 4 项均为一周开始的数量。数据项可以作更细的划分，如预计到货量可以细分为不同的来源，现有数可以按不同的库房列出。

总需要量是由上层零部件的计划发出订货量决定的。本例中，A 产品在第 6 周、第 9 周和第 11 周的开始装配数量各为 150 台。一台 A 包含 2 个 C，则对 C 的总需要量各为 300 件。

表 11-1　　库存状态文件

部件 C		周次										
L_T = 2 周		1	2	3	4	5	6	7	8	9	10	11
总需要量							300			300		300
预计到货量			400									
现有数	20	20	420	420	420	420	120	120	120	-180	-180	-480
净需要量										180		300
计划发出订货量								180		300		

预计到货量为已发出的订货或开始生产的零部件预计到货或预计完成的数量。本例中，零部件 C 将在第 2 周得到 400 件。

现有数为相应时间的当前库存量。对于本例，在订计划的时候，零件 C 的当前库存量为 20 件。到第 2 周，由于预计到货 400 件，所以现有数为 420 件。到第 6 周用去 300 件，现有数为 120 件。到第 9 周，需用 300 件，现有数已不足以支付，欠 180 件。因此，现有数将为负值，那时需要发出订货。

净需要量 = 总需要量 – 预计到货量 – 现有数

经计算，第 9 周对 C 的净需要量为 180 件，第 11 周净需要量为 300 件。如果考虑安全库存量和经济批量，相应的计算会复杂一些。

3. 物料需求计划系统的输出

MRP 系统可以提供多种不同形式与内容的输出报告，输出报告通常分为主要报告和次要报告。

（1）主要报告

主要报告是用于存储和生产控制的主要的或“正规的”报告。它包括以下几个方面。

- 计划将要发出的订货。如果是外购件，向采购部门发出采购通知单，如果是自制的，应向生产车间发出生产指令；
- 发出计划订货要注意的事项；
- 由于重新安排进度，开出订货要变更的日期；
- 由于生产进度的取消或暂停，而使订货取消或暂停；
- 库存状态的数据。

（2）次要报告

次要报告是 MRP 系统下选用的附加报告，主要内容如下：

- 计划报告：如用以预测存储和指明将来某时间范围内的需求量。
- 执行报告：用以指出呆滞的项目，用以确定实际的和程序的项目提前期之间是否一致，并用以确定实际的和程序的使用数量和费用是否一致。

● 例外报告：指出严重的偏差，例如，误差超出范围以外的情况，迟得到的或过期的订货，过量的废品和缺件。

MRP 系统通常每一周或两周运行一次。

4. 物料需求计划系统的处理逻辑

处理逻辑不是指具体的处理方法，而是方法所依据的推理逻辑。尽管 MRP 可以采用不同的处理方法，但这些方法的处理逻辑是相同的。

在介绍库存状态文件时，曾提出五种库存状态数据：总需要量、预计到货量、现有数、净需要量和计划发出订货量。这五种库存状态数据可以分成两类，一种为库存数据，另一种为需求数据。

预计到货量和现有数为库存数据，这些数据要经过检查才能进入系统。总需要量、净需要量和计划发出订货量为需求数据，是由系统计算得出的，只有通过计算才能验证。

如果我们考虑安全库存量，则有以下关系：

净需要量 = 总需要量 − 预计到货量 − 现有数 + 安全库存量

如果由上式计算所得到的净需要量为负数，则取此值为零。

一般情况下，可以使计划发出订货量等于净需要量，但发出订货的时间要提前一段时间。当考虑有一定订货批量或生产批量的限制时，计划发出订货量应大于或等于净需要量。

进行 MRP 处理的关键是找出上层元件（父项）和下层元件（子项）之间的联系。这种联系就是，按父项的计划发出订货量来计算子项的总需要量，并保持时间上一致。

要提高 MRP 的处理效率，可采用自顶向下、逐层处理的方法。按照这种方法，先处理所有产品的零层，然后处理第 1 层……一直到最底层，而不是逐个产品自顶向下地处理。这样做的好处是每一项目只需要检索处理一次，效率较高。为此，需要对每个元件编一个低层码。低层码有助于逐层处理。

为了具体说明 MRP 的处理过程，现以如图 11 − 3 所示的产品为例，逐层计算，元件 C 的低层码为 2，计算过程见表 11－2 所示。

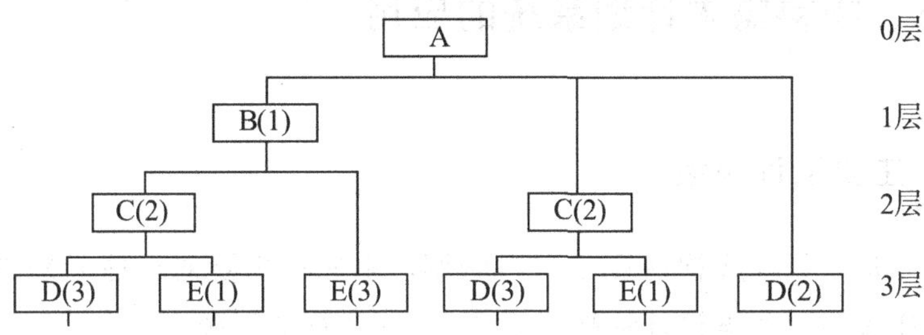

图 11－3　产品结构树

表 11－2　　MRP 的处理过程

产品项目	提前期	项目		周次 1	2	3	4	5	6	7	8	9	10	11
A（0层）	2 周	总需要量								10				15
		预计到货量												
		现有数	0	0	0	0	0	0	0	0	－10	－10	－10	－25
		净需要量									10			15
		计划发出订货量							10			15		
B（1层）	1 周	总需要量							10			15		
		预计到货量		10										
		现有数	2	12	12	12	12	12	2	2	2	－13		
		净需要量										13		
		计划发出订货量									13			
C（2层）	2 周	总需要量							20		26	30		
		预计到货量			10									
		现有数	5	5	15	15	15	15	－5		－5	－31		－61
		净需要量							5		26	30		
		计划发出订货量					5		26	30				

三、物料需求计划系统的应用

1. 主要设计决策

无论是购买现成软件还是自行研制，事先都需要对一些问题进行决策。MRP 系统的主要设计策略涉及以下几个方面的问题。

（1）计划期的长短

计划期是指计划覆盖的时间范围。MRP 中的计划期要大于最大的产品制造周期。在满足这项要求的前提下，计划期越长，计划的预见性就越好，对于生产能力的合理安排越有利。但计划期过长，会造成数据处理量大、运行时占内存多、运行时间长、占用计算机资源多等问题，会引起运行费用的上升。**而且，计划期越长，涉及的不确定性因素也会越多。**因此，在确定计划期长短时，必须根据企业计划工作的要求和现有计算机资源等因素决定，一般可以一年（52 周）为一个计划期，对于制造周期短的产品，也可以缩短一些。

（2）计划的时间单位

对于具体指挥生产的人员来讲，希望计划的时间单位小一些。但是，计划的时间单位太小，又会造成数据量过大、占据存储空间多、运行时间过长等问题。通过多年实践，证明在 MRP 程序中以周为计划的时间单位较好。

（3）系统运行频率

根据 MRP 的统计，在一般生产中等复杂产品的企业中，运行一次 MRP 需 4 个多小时。运行频率太高，会增加运行费用；运行频率太低，又不能及时反映生产过程中出现的各种情况，降低了计划的应变能力。因此，对于动态的、易变的环境，MRP 的运行频率要高一些，因为在这种环境下，产品出产进度计划随用户需求的波动而改变的频率较高。从企业内部来讲，经常发生的设计变更、工艺修改、出废品等问题，也是促使 MRP

运行频率增高的原因。然而，对于比较稳定的环境，MRP 的运行频率可以低一些。运行频率既是 MRP 系统设计的一个重要参数，又是其运行的一个重要参数。对于重新生成式系统来说，运行频率不应该高于每周一次，因为 MRP 运行时间较长，只能利用周末时间运行。如果还不能达到要求，则应采用净改变系统。

（4）需求跟踪功能

在进行负荷能力平衡时，常常需要知道哪一个最终产品引起的负荷，这时需要从具体零件的总需要量出发，通过需求跟踪，找出该零件的总需求量是由哪些“源”决定的，这就要求 MRP 具有需求跟踪功能。需求跟踪与 MRP 的处理过程正好相反。需求跟踪可以是单层的，即仅从子项找到父项，也可以是多层次的或全面的，即从子项找到父项、祖父项……直到最终产品项。追到主生产计划中，全面跟踪很困难。因为一个零件或一种材料可能有多个父项，每个父项又有多个自己的父项。每一父项的净需要量、现有数以及预计到货量都是多种来源的混合，加上批量、安全库存，使得连接各层次需求的路线变得模糊起来。尽管如此，有时候仍需要进行全面跟踪。

（5）固定计划订货功能

固定计划订货功能的意思是，将一次运行确定的计划发出订货的时间及数量固定下来，不随以后的运行而改变。这种功能对于计划人员是有用的。**固定计划订货功能是比较特殊的功能，一般用于控制某些特定的计划发出订货，而不是所有的计划发出订货。**

2. 在实际应用中的一些变通

（1）从最终产品以下的层次开始编 MRP

有的公司的最终产品，是在几个标准化的模块的基础上组装起来的，最终产品可以有广泛的选择。

比如，一个汽车制造商可以有双门轿车和四门轿车两个产品系列，然而这两种轿车，可以装四缸、六缸或 V－6 发动机，空调器可以有标准型、豪华型或不装等3种选择，变速箱可以有自动和手动2种选择，轮胎花纹可以有4种选择，车身颜色可以有10种选择。这样，这个汽车制造商可以向用户提供的选择有2×3×3×2×4×10=1440(种)，而基本模块的总数为2+3+3+2+4+10=24(种)。如果考虑其他零部件的可选择性，比如，两侧和后挡风玻璃的颜色等，则最终产品的种数和模块的种数的差距还会更大。即使只考虑这24种模块的情况，如果从最终产品开始编MRP，则物料清单也有1440张。因而，在主进度计划的编制过程中，必须预测1440种最终产品的分期需求量。而要具体预测红色的、装有6缸发动机和自动变速器的、使用一种类型轮胎的四门轿车在某一期的需求有多少，实际上是做不到的。因此，汽车制造商都是先按一定比例保持模块的存货，而最终产品的具体模块组合方案要等总装即将开始时才确定，这种做法大大缩短了顾客的订货提前期。因而，对于有24种模块的汽车制造商来说，物料需求计划应当从模块开始编制，这样只需要24张物料清单。在这种情况下，公司只要预测各期的轿车总需求量以及可选模块的需求比例，再加上一定的保险存货，就可以确定各个模块的主生产进度计划。具体地说，公司不必预测红色车的各种装配组合，只要预测一个采购提前期内红油漆的需要量即可。

(2) 从头运行MRP还是只对变动量运行MRP

前面讨论的MRP是每周执行一次，似乎每周都要从MPS和存货状况文件中，重新计算各期的净需求和订货量。如果在两次执行MRP之间，主进度计划和存货状况文件的变动很小。这样，后一次计算中就会有很大一部分是重复前一次的。这时，只对两次运行之间的主进度计划和存货状况变动量进行MRP计算，就成了能大大节约MRP执行时间的方案。有的MRP系统采用只对净变化作MRP计算，把MRP变成了一个实时系统。

(3) 报废余量

如果某个生产工序的废品率是有统计资料的，比如5%，则这个工序的100个净需求所需要的物料投入，就应当扩大到105个。这个因素可以在物料清单中给予考虑，比如，在原有的物料需求比例上乘以合格品率的倒数。在有些MRP软件包中，提供了设置报废余额的选择入口。

(4) **保险存货**

保险存货，通常是保持在最终产品层次上的，因为最终产品需求作为独立需求项目具有较强的不确定性。如果一种物料有一部分是独立需求，一部分是相关需求，通常也会保持一部分存货。相关需求物料在运输、采购和生产过程中，有时会有偶尔的延误和员工缺勤、返工、设备故障等情况出现，使得生产提前期和实际生产周期不一致，因而也存在是否要设置保险存货的问题。

除了列在物料清单最底层的物料外，MRP 系统通常不提倡保持纯相关需求物料的保险存货。其理由是：外购物料的供应及时性有许多超过公司控制范围之外的因素，而中间物料的生产是完全控制在公司自己手里的，只要管理得当，完全可以按时完成计划，因而不需要保险存货。在生产过程中，可能存在的不确定因素通常是在提前期中予以考虑的，即物料在通常情况下的生产周期要比生产提前期短。**如果一个时期的需求超过生产能力，这个时期的某些生产任务就有可能不能按时完成**。因而，生产能力需求计划通常是和 MRP 同时执行的。对于生产标准产品的公司，最终产品的保险存货，同时具有均衡需求和克服生产周期不稳定性的功能。对于单件制造公司，其中间物料根本无法保持保险存货，因为这样的公司很难保证这些保险存货能在以后得到应用。另外，保险存货的设置也会降低 MRP 所提供的信息的价值。

(5) **生产批量的确定**

随着产品的生产被分解成每一层零部件的生产，MRP 程序会编制出一系列物料采购和生产计划。有时，所求得的某一期的订货量可能会很小，如果把订货费用或设备调整费用分摊到每一件上，就会使单位成本大大提高。这就出现了在 MRP 条件下，是否要考虑经济批量的问题。在有的 MRP 系统中，对某些物料规定了最小批量，即设备一旦有调整，某种零件至少会生产出最小批量。对于需求量小的物料采用了最小批量这个限制条件之后，其存货会因而增加，但调整成本会下降得更多。在产品的高层物料中，实行批量凝聚可以引起下层物料的订货批量的剧烈改变，特别是当产品的结构层次较多时，更是如此。因而，大多数文献都主张不要在主进度计划中进行批量凝聚。这个结论对于产品结构中的较上层零件也适用。这样做有利于减少零件生产计划的剧烈变动所引起的额外成本。

生产批量的确定在 MRP 系统中主要有以下五类方法。

①逐批法。不进行批量凝聚，每期的净需求都分别订货，这就是已经提到过的逐批法。

②最小批量法。根据经验或某种理论，求出每次订货的最小批量，当某期的净需求小于最小批量时，把以后的净需求加进去直到订货量大于最小批量为止。比如，最小批量为 100，第 3 周至第 6 周的需求分别为 20、60、0 和 30，订货提前期为 2 周，第 1 周的订货量为 110。如果计划期内所有的净需求之和不足一个最小批量，则以最小批量订货。

③以期定量法。用经济批量与平均日需求的商作为订货间隔期，而后根据间隔期内的总需求订货。比如，某种物料的经济批量为 580，每周的平均需求为 200，订货间隔期近似为 3 周，假定在该物料的存货状况记录上，第 3 周开始净需求大于 0，提前期为 2 周，则第 1 周的订货量为第 3、4、5 周的净需求之和，第 4 周的订货量为第 6、7、8 周的净需求之和，等等。

④采用某种优化方法动态地确定生产批量。这类方法通常是针对某个目标函数的数学规划或启发式算法。**常用的目标函数有，平均每期的相关总成本最小、计划期内的总成本最小，等等。**

⑤零件・期算法（Part-Period Algorithm，简称 PPA 法）。零件・期算法是在不把一期的需求再进行分割的条件下，仿照 EOQ 的思路，通过批量凝聚，使设备调整成本和存贮成本尽可能接近，以达到全年相关总成本最小的优化算法。在 PPA 中，存贮费用以每单位存货存贮一期的费用作为一个费用单位（称为零件・期）来计量。每次设备调整成本设定为一个常数，其计量单位与存储费用相同。为了叙述方便，假定订货提前期为 0，第 1 期有净需求，期初为订货的达到时间，本期的净需求由本期到达的物料满足时其存贮费用为 0；第 2 期的净需求为 R_2，由第 1 期到达的物料来满足所引起的存贮费用为 $R_2(2-1)$ 个零件・期。一般地，第 j 期的净需求 R_j，由第 i 期到达的物料来满足所引起的存贮费用为 $R_j\ (j-i)$ 个零件・期。逐步扩大订货量所能满足的净需求的期数直到订货费用与存储费用最

接近，这时的订货量就是所求的订货量。例如，已知订货费用每次 30 元，存贮费用每单位每周 0.1 元。订货费用也可以表达为 300 零件·期。假定第 1 期到第 6 期的净需求分别为 100、225、250、125、100 和 140，注意到第 1 期到货满足第 1、2 期的净需求所对应的存贮费用为 $100\times0+225\times1=225$（零件·期），而把第 3 期也包括在内，则为 $100\times0+225\times1+250\times2=725$（零件·期），显然，225 更接近 300，因此，第 1 期的订货量应该是 $100+225=300$。类似地，第 3、4、5 期的需求加在一起，由第 3 期期初供应的存贮费用为 325（零件·期），比 3、4 两期合并的存贮费用更接近订货费用，因而第二次订货应在第 3 期初到货，订货量为第 3、4、5 期的需求之和。即 475 单位。

零件·期算法不是严格解析意义上的优化算法，但是与其他优化算法相比较，因其计算速度较快，解的质量也较好，因而较为常用。

[illegible]，[illegible]就是[illegible]。例如，[illegible]用[illegible]30 元，[illegible]
[illegible]100、225、250、125、100 和 140，[illegible]
[illegible]$100\times$[illegible]$225\times1+250$[illegible]，[illegible]300，[illegible]

[illegible]

第十二章
质量管理

生活处于质量堤坝后面。如果你保卫好了这座堤坝，那么你将可以源源不断地从它里面的河道中获得自己的利益；如果你只管眼前之利，而置这座堤坝的安危不顾，那么等待你的将是市场的严厉惩罚。

——［美］吉姆·朱兰

一、质量与质量管理

1. 质量的含义

质量是人们在日常工作和生活中使用频率相当高的一个名词，也是质量管理中最为重要的一个概念，因此，在开始学习质量管理学这门课程之前，必须首先正确地理解这一概念。

在相当长的一段时间里，人们对“质量”的理解都是不一致的。许多人把“质量”定位在一组具体的指标上，即狭义的质量特性上；也有人认为“质量”就是“好”“豪华”“明亮”或“重要”的同义词。很多质量专家或质量组织从不同角度为“质量”下过定义，他们的定义也或多或少存在一些差异，但最大的差异在于对“质量”理解的广度上。事实上，对“质量”的理解可分为狭义的和广义的两种。

（1）狭义的质量

狭义的质量是指产品的质量。**多数质量专家所给出的质量定义就是狭义的质量。**下面，我们列举几个较为著名的质量专家对狭义质量所下的定义。

①戴明的定义。戴明是美国的经济学家和统计学家，是美国最著名的质量权威专家。第二次世界大战以后，他运用称之为全面质量管理的思想帮助日本重振经济。

戴明在1982年对质量作如下解释：

……质量是通过过程的改善来实现的。生产过程的改善提高了产品产出的一致性，减少返工和错误，减少劳动力的浪费、机器的运作时间和原材料，从而以较少的努力增加产出。提高质量的其他好处有：降低成本，提高竞争地位，使每一个上岗的工人心情更加愉快，以及由于公司竞争地位的提高而带来更多的工作机会。

戴明进一步阐述说：质量是“使浪费不断降低，使每一项活动的质量不断改善……”质量是指：

- 生产出产品本身；
- 消费者怎样使用该产品；
- 对使用方法指导和培训以及售后服务。

②朱兰的定义。朱兰以厘清管理者在质量中的角色和提出质量成本要领而著称于世。他写了大量的有关质量方面的书籍，最有名的是《质量控制手册》，在第二次世界大战以后，他与日本企业进行了密切合作。他在《质量控制手册》中提出：所有有关质量职能的概念中，没有一个像“适用性”那样关键或难以把握，没有一个能比“适用性”更为影响深远、更为重要的了。这一概念一般用“质量”这个术语称呼，它普遍适用于一切产品或服务。“适用性”是由产品的特性决定的，而用户认为这些特性是有益的。

对用户来说，质量是指适用性而不是“符合规格”。**最终用户很少知道“规格”是什么，他对质量的评价决定于产品交货时的适用性和使用期的适用性。**

③克劳斯比。克劳斯比认为，质量的第一个错误假设是：质量是指好、豪华、明亮或重要。质量一词用来指称下列短语的相对价值：“好质量”“坏质量”“生活质量”。这就是为什么我们必须把质量定义为“符合规格”。因此，谈论“生活质量”的人必须用专门术语定义“生活质量”。例如，满意的收入、健康、污染控制、政治环境以及其他可以衡量的项目。只有所有标准都给予定义和衡量，生活质量的衡量才是可能的和有实际意义的。工商业同样如此，而规格必须明确指出以便不产生误解，必须连续进行衡量和控制以确定产品或服务符合既定的规格。发现不合格即是缺乏质量的。质量问题就是不符合问题，此时质量才是可定义的。不论在何处看到“质量”一词，其意义都是“符合规格”。一辆符合所有设计规格的小汽车就是一辆“有质量”的小汽车。

（2）广义的质量

①ISO 8402 的定义。国际标准 ISO 8402—1994 对质量的定义是：“反映实体满足明确和隐含需要的能力的特性总和。”

这里所说的“实体”是指“可单独描述和研究的事物。”其内涵十分广泛。实体可以是指活动或者过程，可以是指产品，包括硬件、软件、流程性材料和服务，还可以是一个组织、一个体系、一个人或一些人，或者是上述内容的任何组合。

应当从以下几个方面来理解上述关于质量的定义：

a. 明确需要是指在标准、规范、图样、技术要求和其他文件中已经作出规定的需要。而隐含需要指：顾客和社会对实体的期望，人们公认的、不言而喻的、不必明确的需要。显然，在合同情况下或在法规规定的情况下，需要是明确规定的。而在其他情况下，应该对隐含需要加以分析研究、识别并加以确定。注意，需要会随时间而变化。

b. 特性是指实体所特有的性质，它反映了实体满足需要的能力。因此，“需要”应转化为特性，这里可以应用质量功能展开（QFD）方法。

c. 质量特性要由过程或活动来保证。

d. 对“满足需要”另有正确的理解，不限于满足顾客的需要，而且要考虑到社会的需要，符合法律、法规、环境、安全、能源利用和资源保护等方面的要求。ISO 9000－1—1994 中提出了受益者的概念，满足需要应满足“全体受益者”的需要。包括顾客、员工、所有者、分供方、社会。

②石川馨的定义。石川馨是日本最著名的质量权威之一，他用自己的质量理论帮助了日本经济发展。石川馨以其发明的鱼刺图——TQM 的 7 种工具之一而闻名。

石川馨提出了一个广义的质量概念：“从广义上说，它是指工作质量、服务质量、信息质量、过程质量、部门质量、人员质量（包括工人、工程师、经理和行政人员）、系统质量、公司质量、目标质量，等等。控制质量的方方面面是我们的基本方法。”

（3）质量的重要性

在了解了质量的含义之后，我们还应当理解质量的重要性。质量的重要性，主要表现在以下几个方面。

①质量是构成社会财富的物质内容。没有质量只有数量就没什么意义，也就没有经济价值。所以，企业的生产经营活动必须坚持质量第一，坚持产品的经济价值和使用价值的统一。

②质量是社会科学技术和文化水平的综合反映。**要想提高我国的产品质量必须从提高全民族的素质入手**。而民族的素质，除了民族的精神、民

族的优良传统外，主要取决于这个民族的科学技术和文化水平。纵观现代产品，无论是从其设计、制造和使用，还是从其更新换代和发展，无一不是集中了现代科学技术、科学管理和文化发展等学科理论的最新成果。

③质量是产品打入国际市场的前提条件。人们常说，产品质量是进入现代国际市场的“通行证”“敲门砖”。企业要想使产品打入国际市场，参加国际大循环，其前提条件就是要有过硬的产品质量、适宜的价格和约定的交货期。

④质量是企业的生命。产品质量好坏，决定着企业有无市场，决定着企业经济效益的高低，决定着企业能否在激烈的市场竞争中生存和发展。“以质量求生存，以品种求发展”已成为广大企业发展的战略目标。

⑤质量是人民生活的保障。产品质量与人们的工作、生活息息相关。一旦产品出了质量问题，轻则造成经济损失，重则会导致人员伤亡等事故。因产品质量、工程质量、工作质量和服务质量不良而造成的燃烧、爆炸、建筑物倒塌、毒气泄漏、机毁人亡等恶性事故给人们造成的灾难，更是令人触目惊心。这些血的沉痛教训，在现实生活中屡见不鲜。

质量问题既然如此重要，那么必须正确地理解质量和产品质量的内涵，增强质量意识，掌握质量和产品质量的概念和实质。这样，不仅对质量管理的深入发展，还对企业的经营决策、提高经济效益，都有着十分重要的意义。

2. 质量管理

（1）质量管理的含义

所谓质量管理是指“确定质量方针、目标和职责，并通过质量体系中的质量策划、质量控制、质量保证和质量改进来使其实现的所有管理职能的全部活动”。这个定义指出了质量管理是一个组织管理职能的重要组成部分，必须由一个组织的最高管理者来推动。质量管理是各级管理者的职责，并且和组织内的全体成员都有关系，他们的工作都直接或间接地影响着产品或服务的质量。因此，质量管理的涉及面很广：从横向来说，包括战略计划、资源分配和其他系统活动，如质量计划、质量保证、质量控制等活动。从纵向来说，质量管理包括质量方针、质量目标以及质量体系等方面。

（2）质量保证

所谓质量保证，是指“为使人们确信某实体能满足质量要求，在质量体系内所开展的并按需要进行证实的有计划和有系统的全部活动”。（国际标准 ISO 8402—1994）

质量保证的基本思想是强调对用户负责，其核心问题在于使人们确信某一组织有能力满足规定的质量要求，给用户、第三方（政府主管部门、质量监督部门、消费者协会等）和本企业最高管理者提供信任感。为了确有把握地使用户、第三方、本企业最高管理者相信企业具有质量保证能力，使他们树立足够信心，必须提供充分必要的证据和记录，证明企业有足够能力满足他们对质量的要求。为了使质量保证系统行之有效，还必须时常接受评价，例如，用户、第三方和企业最高管理者组织实施的质量审核、质量监督、质量认证、质量评价（评审）等。

质量保证是一种有计划、有系统的活动，是实现质量保证所必需的工作保证。通过有计划地开展质量保证活动，应当形成一个有效的质量保证体系（质量保证模式）。

质量保证还分为内部质量保证和外部质量保证。内部质量保证是质量管理职能的一个组成部分，是为了使企业各层管理者确信本企业的活动具备满足质量要求的能力。外部质量保证是为了使用户和第三者确信供方的活动具备满足质量要求的能力。

（3）质量控制

所谓质量控制，是指“为满足质量要求所采取的作业技术和活动”。（国际标准 ISO 8402—1994）

定义中所表述的“作业技术与活动”是贯穿于质量形成全过程的各个环节，目的是为了保持质量形成全过程或其某一环节受控。因此，“作业技术和活动”的主要内容是确定控制计划与标准、实施控制计划与标准，并在实施过程中进行连续监视和验证、纠正不符合计划与程序现象、排除质量形成过程中的不良因素与偏离规范现象，恢复其正常状态。

在实际运用质量控制概念时，应该明确控制对象。对具体的质量控制活动，应冠以限定词，如工序质量控制、外协件质量控制、公司范围质量控制等。

(4) 质量体系

为了实现质量方针、目标，提高质量管理的有效性，应建立与健全质量体系。质量体系是指“为实施质量管理的组织机构、职责、程序、过程和资源”。(国际标准 ISO 8402—1994)

质量体系是质量管理的组织保证。因此，质量体系定义中所表述的“组织机构、职责”，是指影响产品质量的组织体制，是组织机构、职责、程序等的管理能力和资源能力（包括人力资源与物质资源，即体系的硬件如人才资源与技能、设计研究设备、生产工艺设备、检验与试验设备以及计量器具等）的综合体。一般包括：领导职责与质量管理职能，质量机构的设置，各机构的质量职能、职责以及它们之间的纵向与横向关系，质量工作网络与质量信息传递与反馈等。

质量体系是由若干要素构成的。根据 ISO 9000 系列标准，质量体系一般可以包括下列要素：市场调研，设计和规范，采购，工艺准备，生产过程控制，产品验证，测量和试验设备的控制，不合格控制，纠正措施，搬运和生产后的职能，质量文件和记录，人员，产品安全与责任，质量管理方法的应用，等等。

质量体系有两种形式：一种是用于内部管理的质量体系，一般以管理标准、工作标准、规章制度、规程等予以体现；一种是用于外部证明的质量保证体系。

质量体系作为一个有机体，还应拥有必要的体系文件包括质量手册、程序性文件（包括管理性程序文件、技术性程序文件)、质量计划及质量记录等。

(5) 质量职能

质量管理在很大程度上是对质量职能的管理。

所谓质量职能是指质量形成全过程所必须发挥的质量管理功能及与其相应的质量活动。从产品质量形成的规律来看，直接影响产品质量的主要质量职能有市场研究、开发设计、生产技术准备、采购供应、生产制造、质量检验、产品销售、用户服务等。

一般来说，质量职能不同于质量职责。质量职能是针对质量形成全过程的需要提出来的质量活动属性与功能，具有科学性；而质量职责是为了实现质量职能，对部门、岗位与个人提出的具体的质量工作任务并赋予责、权、利，具有规定性与法定性。因而可以说，质量职能是制订质量职责的依据，质量职责是落实质量职能的方式或手段。

质量职能不能等同于职能部门。一项质量职能可能由几个部门去承担实现，一个职能质量管理在很大程度上是对质量职能的管理。

总之，**质量管理是一门学问，从根本上说，这是一门如何发现质量问题、定义质量问题、寻找问题原因和制订整改方案的方法论**。质量管理还是一种思想，它实际是对企业的宗旨，即企业是干什么的、应该干什么这一基本使命的一种深刻的理解和不断升华的认识。质量管理更是一种实践，是一种从企业最高领导到每位员工主动参与的、永无止境的改进活动。

(6) 质量管理的重要意义

美国著名质量管理专家朱兰有句名言："生活处于质量堤坝后面。"质量正像黄河大堤一样，可以给人们带来利益和幸福，而一旦质量的大堤出现问题，它同样也会给社会带来危害甚至灾难。所以，企业有责任把好质量关，共同维护质量大堤的安全。

从宏观上来说，当今世界的经济竞争，很大程度上取决于一个国家的产品和服务质量。质量水平的高低可以说是一个国家经济、科技、教育和管理水平的综合反映。对于企业来说，质量也是企业赖以生存和发展的保证，是企业开拓市场的生命线，可谓"百年大计，质量第一"。

当今市场环境的特点之一是用户对产品质量的要求越来越高。在这种情况下，就更要求企业将提高产品质量作为重要的经营战略和生产运作战略之一。因为，低质量会给企业带来相当大的负面影响，它会降低公司在市场中的竞争力，增加生产产品或提供服务的成本，损害企业在公众心目中的形象，等等。

另一方面，以前，价格被认为是争取更多的市场份额的关键因素，现在的情况已有了很大变化。很多用户更看重的是产品质量，并且宁愿花更多的钱获得更好质量的产品。在今天，质量稳定的高质量产品会比质量不稳定的低质量产品拥有更多的市场份额，其中的道理是显而易见的。较好的质量也会给生产厂商带来较高的利润回报。高质量产品的定价可以比相对来说质量较低产品的定价高一些。另外，高质量也可以降低成本，而成本降低也就意味着公司利润的增加。

二、质量管理和质量保证国际标准系列

1. ISO 9000 系列标准

（1）ISO 9000 系列标准的由来

随着市场国际化、竞争全球化的格局已基本形成。各国经济发展已越来越依赖于国际的贸易，而随着贸易竞争日趋激烈，产品质量已成为贸易竞争的最重要因素。在这期间，各国产品的质量水平也有了显著的改善，多数产品也先后从卖方市场转入了买方市场，各发达国家的质量管理理论和实践也有了巨大的发展。为了适应国际贸易往来与国际经济合作的需要，在世界范围内统一关于质量和质量管理概念的认识，规范供应方的质量管理和质量保证体系，进一步推动各国的质量管理和促进国际贸易的发展，制定一套指导性的、权威性的质量管理和质量保证国际标准的时机已经成熟。

1980 年，国际标准化组织（ISO）成立了“质量管理和质量保证技术委员会（TC176）”，着手这方面国际标准的制订工作。经过各国专家近 7 年的艰苦努力，融合了一些国家的国家标准的精华，充分考虑到世界各国质量管理和质量保证的现状和需要，于 1986 年 6 月 15 日正式颁布了 ISO 8402 标准，又于 1987 年 3 月正式颁布 ISO 9000 系列标准：

ISO 8402—1986 《质量——术语》；

ISO 9000—1987 《质量管理和质量保证标准——选择和使用指南》；

ISO 9001—1987 《质量体系——开发设计、制造、安装和服务的质量保证模式》；

ISO 9002—1987 《质量体系——制造和安装的质量保证模式》；

ISO 9003—1987 《质量体系——最终检验和试验的质量保证模式》；

ISO 9004—1987 《质量管理和质量体系要素指南》。

ISO 9000 标准问世以后，世界范围内掀起了一股应用 ISO 9000 的热潮。**我国政府从一开始就对 ISO 9000 非常重视，把 ISO 9000 的实施作为实现质量兴国的重要战略措施之一**。几年来，国家为标准的引入、宣传教育和组织推广做了大量工作。1988 年，我国将 ISO 9000 系列标准等采用为 GB/T 10300 系列国家标准。1992 年，我国又进一步将其等同采用为 GB/T 19000系列国家标准。1994 年，我国及时等同转化了修订后的ISO 9000 系列标准，从而将 ISO 9000 标准以国家标准的形式正式引入我国。

(2) ISO 9000 系列标准的构成

通常所说的 ISO 9000 系列标准即指质量管理和质量保证国际标准系列，由 5 个标准构成。ISO 9000 系列标准的结构如图所示 12 – 1。

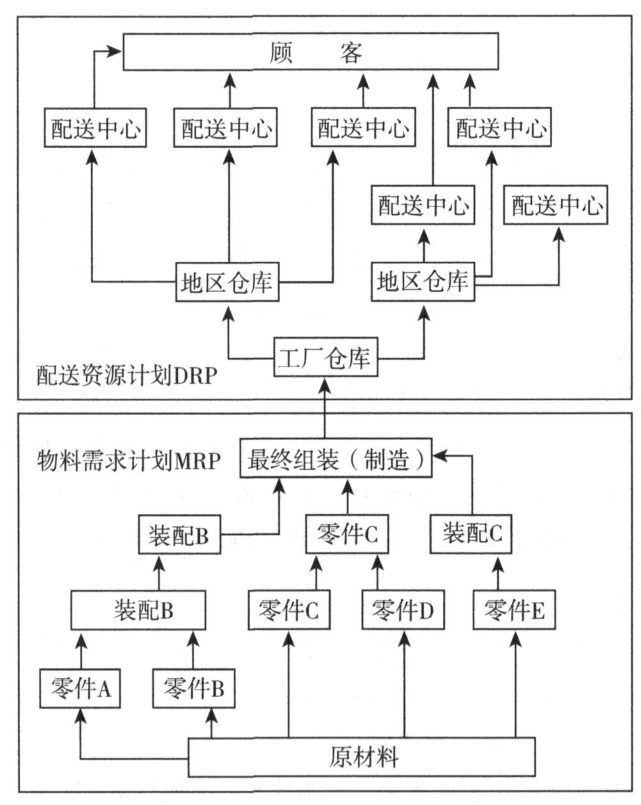

图 12 – 1　质量体系标准的结构图

从图 12－1 可知，ISO 9000 是采用和选择 ISO 9000 系列标准的总指南，是指导性文件。它规定了选择和使用 ISO 9001 至 ISO 9004 的原则和方法，并阐明了与质量有关的基本概念以及这些基本概念之间的区别和相互联系。

从图 12－1 中还可以清楚地看出 ISO 9000 指导两种环境下的质量体系的运行，即外部质量保证（如合同环境）和内部质量管理（如非合同环境）。

在外部质量保证条件下，ISO 9000 系列标准提供了三种质量保证模式，即 ISO 9001、ISO 9002 和 ISO 9003，供合同双方选用。这三种模式分别代表三种不同的技术和管理能力的合同要求。从适用范围来看，ISO 9001完全涵盖 ISO 9002，而 ISO 9002 则完全涵盖了 ISO 9003。

在内部质量管理条件下，ISO 9004 指导企业建立健全有效的质量体系。ISO 9004 阐述的质量体系原理是普遍适用的。因此，它是质量管理导则的基础文件。企业在制订质量方针、质量目标的基础上，参照 ISO 9004 提供的指南，结合企业实际和用户需要，选择适用的体系要素，并决定采用这些要素的程度，以便使企业质量体系更健全更有效。

由于 ISO 9000 系列标准中的术语和定义均来自 ISO 8402，故 ISO 8402 是 ISO 9000 系列标准的基础标准。ISO 8402 定义了与质量概念有关的基本术语，而它们适用于所有方面，可以用于所有质量标准的制定和使用，以及国际相互交流和理解。

2. 质量认证

（1）质量认证与认证制度

质量认证是随着现代工业的发展作为一种外部质量保证的手段逐步发展起来的。现代的第三方质量认证制度起始于英国，而大部分第三世界国家则是从 20 世纪 70 年代起实行质量认证制度的。起初，各国认证机构只对产品本身进行检验和试验，仅能证明供方的产品设计符合规范的要求，并不能担保供方以后继续遵守技术规范。后来，认证机构增加了对供方质量保证能力的检查和评定，以及获证后的定期监督，从而能够保证供方生产的产品将持续符合标准。

国际标准化组织（ISO）于1970年建立了认证委员会（CER－TICO），1985年，改名为合格评定委员会（CASCO）。该委员会的主要任务是研究评定产品、过程、服务和质量体系符合适用标准或其他技术规范方法，制定有关认证方面的国际指南，促进各国和各地区合格评定制度的相互承认。

我国于1983年4月正式加入IEC的认证管理委员会，现已经成为检查协调委员会的成员。

认证制度，又称为合格评定，是指为进行认证工作而建立的一套程序和管理制度。一般包括两个方面的内容：产品和质量体系的认证和认证机构的认可。

①产品和质量体系的认证（第三方认证）。**产品质量认证是指依据产品标准和相应的技术要求，经认证机构确认并通过颁发认证证书和认证标志证明某一产品符合相应标准和相应技术要求的活动。**

质量体系认证是指依据国际通用的《质量管理和质量保证》系列标准，经过认证机构对企业的质量体系进行审核，并以颁发认证证书的形式，证明企业的质量体系和质量保证能力符合相应要求，授予合格证书并予以注册的全部活动，又称质量体系注册。

需要明确的是，在进行产品认证的同时往往要进行企业质量体系的检查和评定。这意味着产品认证包括了质量体系的认证。实践证明，仅仅依靠对最终产品的抽样检验来进行质量认证是不可靠的，因而第三方认证最重要的目的是保证用户使用的产品的质量是可靠的。这就需要解决判定产品质量持续符合标准要求的方法。通过检查、评定企业的质量体系，来证明企业具备持续稳定地生产符合标准要求产品的能力，是一种较为经济、简便的方法。

②认证机构的认可。认证机构是独立于制造厂、销售商和使用者（消费者）之外的权威机构，并且应具有独立的法人资格。认可是由权威性组织依据相应程度对某一团体或个人具有从事特定任务的能力所予以的正式承认。为了确保产品认证和体系认证的客观性、公正性和科学性，应对认证机构的资格进行评价和认可。需认可的认证机构包括：产品认证机构、体系认证机构、检验、检定机构、培训机构和审核员的资

格注册等。

(2) 质量体系认证证书和认证标志

申请质量体系认证的企业经过审查和评定，若批准通过认证，则会获得认证机构向获准企业颁发的质量体系认证证书。质量体系认证证书一般包括：证书号，申请方的地址、名称，所认证质量体系覆盖的产品范围，评定依据的质量保证模式标准，颁发证书的机构、签发人和日期。质量体系认证证书的有效期一般为3年，质量体系认证机构应公布其认证证书持有者的注册名录并至少每年修订一次。

申请质量体系认证的企业经过审查和评定，若批准通过认证，则会获得认证机构向获准企业颁发带有该认证机构专有标志的认证标志。**企业可以利用该认证标志做广告宣传，表明本企业所具有的质量信誉，但不得标在产品上，也不得以任何可能被误认为产品合格的方式使用。**

认证机构对获取体系合格的企业还要进行监督和管理，包括以下方面。

①通报：质量体系认证合格的企业应及时向认证机构通报运行中出现较大变化的情况。

②监督检查：指认证机构对质量体系认证合格的企业的质量体系的维持情况进行的监督性现场（重点）检查。监督检查包括定期和不定期的检查。

③认证暂停：是认证机构对质量体系认证合格企业的质量体系发生不符合认证要求的情况时，采取的警告措施。

④认证撤销：指认证机构撤销对供方质量体系符合相应质量保证模式标准的合格证明。认证撤销由认证机构书面通知供方，并撤销注册、收回证书、停止供方使用认证标志。企业对撤销认证发生不满时，可向认证机构提出申诉。

⑤认证有效期延长：在质量体系认证有效期满前，如果企业愿意继续延长时，可向认证机构提出延长认证有效期的申请。

目前，我国现有9个产品质量认证标志，可分为3类，即RPC标志、长城标志、方圆标志及其变形。9个认证标志包括：PRC标志、长城标志、方圆标志、Q与S认证标志、标样标志、SG标志、CCES标志、方圆S标志变形、萌芽标志。

(3) 质量认证对企业管理的意义

成功企业的经验表明，推行质量认证制度对于有效促使企业采用先进的技术标准、实现质量保证和安全保证、维护用户利益和消费者权益、提高产品在国内外市场的竞争能力，以及提高企业经济效益，都有重大意义。

①质量认证有利于促使企业建立、完善其质量体系。企业要通过第三方认证机构的质量体系认证，就必须充实、加强质量体系的薄弱环节，提高对产品的质量的保证能力。另一方面，第三方的认证机构对企业的质量体系进行审核，可以帮助企业发现影响产品质量的技术问题或管理问题，促使其采取措施加以解决。

②质量认证有利于提高企业的质量信誉，增强企业的竞争能力。企业一旦通过第三方的认证机构对其质量体系或产品的质量认证，获得了相应的证书或标志，则相对其他未通过质量认证的企业，有更大的质量信誉优势，从而有利于企业在竞争中取得优先地位。特别是对于世界级企业来说，由于认证制度已在世界上许多国家，尤其是先进发达国家实行，各国的质量认证机构都在努力通过签订双边的认证合作协议，取得彼此之间的相互认可。因此，如果企业能够通过国际上权威的认证机构的产品质量认证或质量体系认证（注册），便能够得到各国的承认，这相当于拿到了进入世界市场的通行证，甚至还可以享受免检、优价等优惠待遇。

③质量认证有利于企业的经营管理。质量认证可减少企业重复向用户证明自己确有保证产品质量能力的工作，使企业可以集中更多的精力抓好产品开发及制造全过程的质量管理工作。

三、全面质量管理

1. 全面质量管理的含义及特点

科学技术进步使社会生产力得到迅速发展且达到前所未有的水平，因而必将出现与之相适应的管理方法，从而进一步推动经济的发展。质量管理的方法和手段也是随着生产力水平的发展而不断地提高和完善。**在企业管理的历史长河中，质量管理的发展，先后经历了质量检验、统计质量控制、全面质量管理三个阶段。**

（1）全面质量管理的含义

全面质量管理（TQM）是当今质量管理最基本、最经典的理论，诞生于美国。我国自 1978 年推行全面质量管理以来，为其作了大量的宣传、普及和组织工作。关于全面质量管理，中国质量管理协会的定义是：企业全体职工及有关部门同心协力，综合运用管理技术、专业技术和科学方法，经济地开发、研制、生产和销售用户满意的产品的管理活动。

国际标准 ISO 8402—1994 中关于 TQM 的定义非常简洁，定义为："一个组织以质量为中心，以全员参与为基础，目的在于通过让顾客满意和本组织所有成员及社会受益而达到长期成功的管理途径。"

（2）全面质量管理的特点

全面质量管理是一个具有丰富内涵的理论。一般认为，它有下面一些基本特点。

①全面质量管理是一种管理途径，既不是某种狭隘的概念或简单的方法，也不是某种模式或框架。

②全面质量管理强调一个组织必须以质量为中心来开展活动，既不能以其他管理职能来取代质量的中心地位，也不能放任自流。

③全面质量管理必须以全员参与为基础。这种全员参与绝不只是指组织中所有部分和所有层次的人员要积极认真地投入各种质量活动，同时还要求组织的最高管理者坚持强有力的、持续的领导、组织、扶持以及有效的质量培训工作，不断提高组织中所有成员的素质。

④全面质量管理强调让顾客满意和本组织所有成员及社会受益，而不是其中的某一方得益，致使其他方受损。这就要求组织能够在最经济的水平上最大限度地向顾客提供满足其需求的产品和服务。**在顾客受益、组织也能获得好的经济效益的同时，使社会受益。**

⑤全面质量管理强调一个组织的长期成功，而不是短期的效益。这就要求组织有一个长期的、富有进取精神的质量战略，建立并不断完善其质

量管理体系，培育并不断更新其质量文化，使组织的长期成功建立在自身素质和实力的基础上。

2. 全面质量管理的重要方法——PDCA 循环工作法

PDCA 循环工作法（P、D、C、A 分别为英文中计划 Plan、实施 Do、检查 Check、处理 Action 四个单词的首字母），既是企业生产经营系统实施质量控制的主要方法，也是企业进行质量控制整体规划的基本模式。运用这一模式，将不断提高企业质量控制的整体水平。

（1）PDCA 循环的 4 个阶段 8 个步骤

①第一阶段：计划（Plan）阶段。第一阶段具体包括以下四个步骤：

- 分析现状找出存在的质量问题；
- 分析产生质量问题的原因或影响因素；
- 找出产生质量问题的主要原因；
- 制定措施计划，确定管理点。

②第二阶段：实施（Do）阶段。在这一阶段，就是具体组织执行所制的计划和措施。

③第三阶段：检查（Check）阶段。在这一阶段，就是检查计划执行的结果，并与计划目标对比，及时了解和发现计划执行中出现的问题。

④第四阶段：处理（Action）阶段。第四阶段包括两个步骤：

- 进行标准化，把成功的经验或失败的教训纳入有关标准、制度、规定中，以巩固和推广成功的经验，避免重犯错误；
- 找出尚未解决的问题，转到下一循环去继续解决。

PDCA 循环的工作程序如图 12－2 所示。

（2）PDCA 循环工作要点

按照 PDCA 循环开展工作的要点如下。

①大环套小环，小环保大环。PDCA 循环不仅要有整个企业的大循环，还要有企业内部各单位、各环节自己的小循环，大循环要通过小循环具体落实，小循环要保证大循环的实现。这个关系如图 12－3 所示。

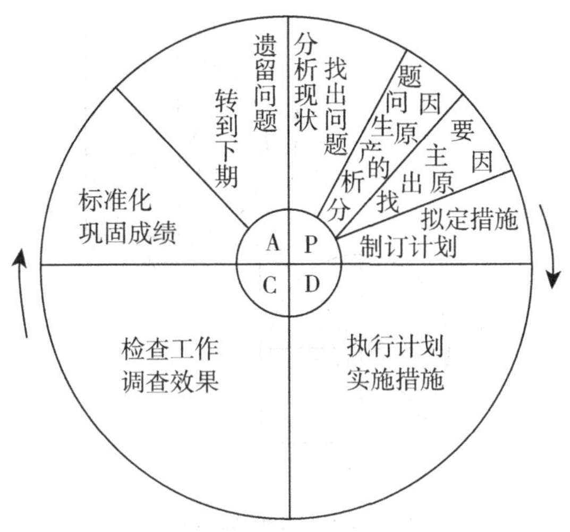

图 12－2　PDCA 循环的 4 个阶段和 8 个步骤

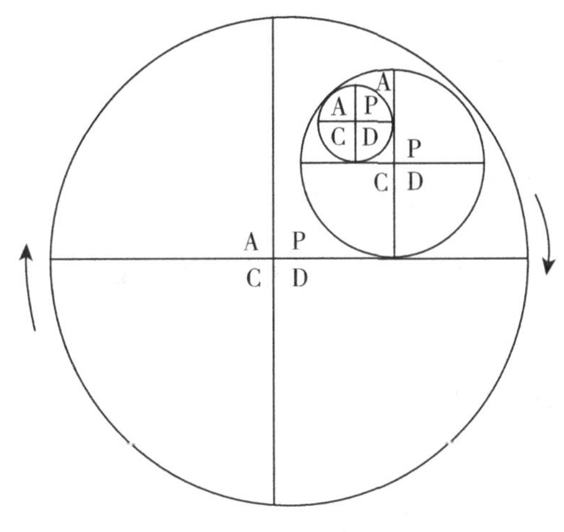

图 12－3　大环套小环

②从实际出发，讲求实效。PDCA 循环强调首先从分析本单位的现状入手，找出产生质量问题的原因和主要原因，然后针对原因制订计划，采取措施加以解决。这样才能解决实际问题，取得实际效果。

③不断循环，不断提高。**循环必须不停顿地进行，每循环一次，解决一些质量问题，使产品质量和工作质量提高一步，再接着制定新的目标，开始新的循环**。如图 12－4 所示，能不能通过不断循环达到不断提高，关键在于如何处理。

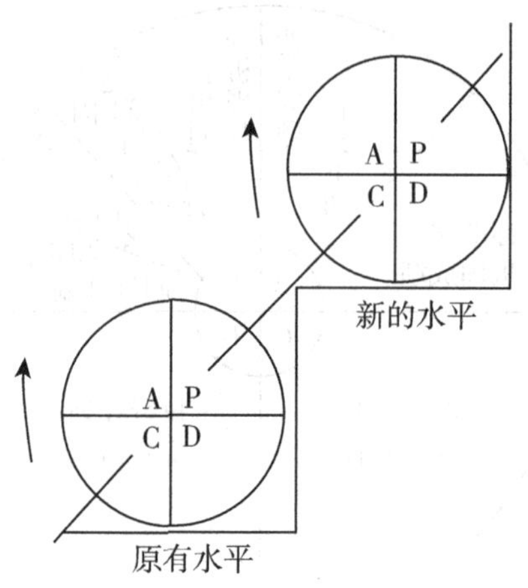

图 12－4　不断循环提高

四、质量管理的统计

1. 常用的质量管理统计方法

常用的质量管理统计方法主要包括所谓的“QC 七种工具”，这七种方法如下。

（1）统计分析表

统计分析表是利用统计表对数据进行整理和初步分析原因的一种工具。其格式可多种多样，表 12－1 是其中的格式之一。这种方法虽然较简单，但实用有效。

表 12－1　统计分析表

项目	统计	频数	排序
A	////	4	3
B	///// ///// //	12	1
C	//	2	4
D	///// //	7	2
合计		25	

（2）**数据分层法**

数据分层就是把性质相同的、在同一条件下收集的数据归纳在一起，以便进行比较分析。因为在实际生产中，影响质量变动的因素很多，如果不把这些因素区别开来，就难以得出变化的规律。数据分层可根据实际情况按多种方式进行。例如，按不同时间、不同班次进行分层，按使用设备的种类进行分层，按原材料的进料时间、原材料成分进行分层，按检查手段、使用条件进行分层，按不同缺陷项目进行分层，等等。数据分层法经常与上述的统计分析表结合使用。

（3）**排列图**

排列图又称为帕累特图，由此图的发明者意大利经济学家帕累特（Pareto）的名字而得名。帕累特最早用排列图分析社会财富分布的状况，后来美国质量管理专家朱兰将其用于质量管理。排列图是分析和寻找影响质量主要因素的一种工具，其形式如图 12－5 所示。图中的左边纵坐标表示频数（如件数、金额等），右边纵坐标表示频率（以百分比表示），图中的折线表示累积频率。横坐标表示影响质量的各项因素，按影响程度的大小（即出现频数多少）从左向右排列。通过对排列图的观察分析，可抓住影

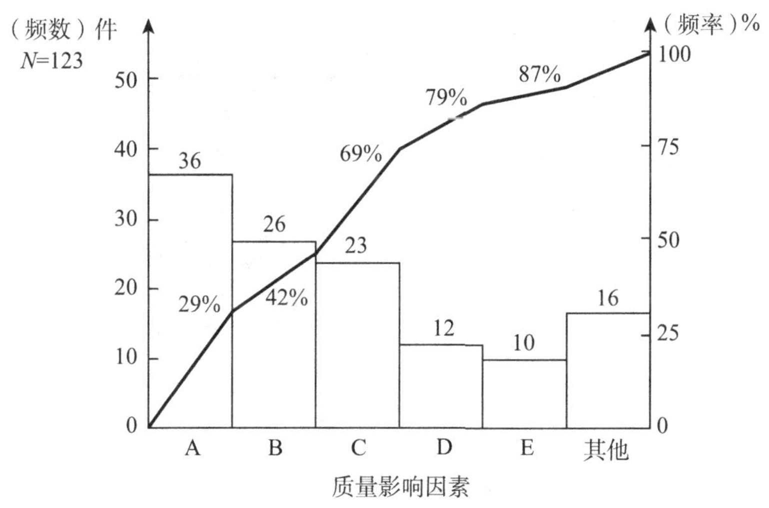

图 12－5　排列图

响质量的主要因素。**这种方法实际上不仅应用在质量管理中，还应用在其他许多管理工作中，例如在库存管理中，都是十分有用的。**

（4）因果分析图

因果分析图是以结果作为特性，以原因作为因素，在它们之间用箭头联系表示因果关系，图 12 -6 就是一个示例。因果分析图是一种充分发动员工动脑筋、查原因、集思广益的好办法，也特别适合于工作小组中实行质量的民主管理。当出现了某种质量问题，但未搞清楚原因时，可针对问题发动大家寻找可能的原因，使每个人都畅所欲言，把所有可能的原因都列出来。如图 13 -6 所示，这是一个铸造企业的流程中存在的某一问题的因果图，这个企业生产的某种产品表面有明显裂纹，其原因可能有四大类：浇铸温度，铸模，金属成分和铸模温度四个环节出现了问题。**每一类原因可能又是由若干个因素造成的，与每一因素有关的更深入的考虑因素还可以作为下一级分支。**当把所有可能的原因都找出来以后，就完成了第一步工作，下一步就是要从其中找出主要原因。

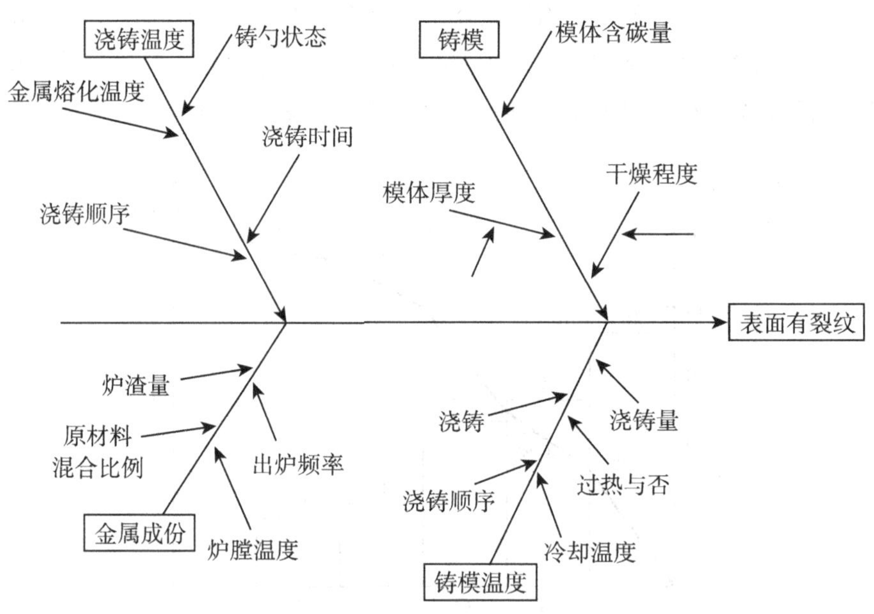

图 12 -6　因果分析图

（5）直方图

直方图的形式如图 13 －7 所示，它是表示数据变化情况的一种主要工具。用直方图可以比较直观地看出产品质量特性的分布状态，可以判断工序是否处于受控状态，还可以对总体进行推断，判断其总体质量分布情况。在制作直方图时，首先要对数据进行分组。因此，如何合理分组就是其中的关键问题。分级通常是按组距相等的原则进行的，两个关键数字是分组数和组距。如图 12 －7 所示，分组数为 9，组距为 3。

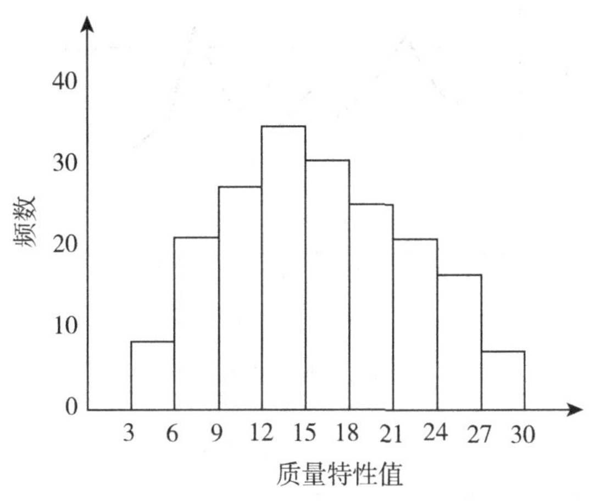

图 12 －7　直方图

（6）散布图

散布图又叫相关图，它是将两个可能相关的变量数据用点画在坐标图上，通过对其观察分析，来判断两个变量之间的相关关系。这种问题在实际生产中也是很常见的，例如，热处理时淬火温度与工作硬度之间的关系，某种元素在材料中的含量与材料强度的关系等。**这种关系虽然存在，但又难以用精确的公式或函数关系表示，在这种情况下用相关图来分析就是很方便的。**假定有一对变量 x 和 y，x 表示某一种影响因素，y 表示某一质量特性值，通过实验或收集到的 x 和 y 的数据，可以在坐标图上用点表示出来，根据点的分布特点，就可以判断 x 和 y 的相关情况。

（7）控制图

控制图又称为管理图。如图 12 －8 所示，它是一种有控制界限的图，用来区分引起质量波动的原因是偶然的还是系统的，可以提供系统原因存在的信息，从而判断生产过程是否处于受控状态。控制图按其用途可分为两类：一类是供分析用的控制图，用控制图分析生产过程中有关质量特性值的变化情况，看工序是否处于稳定受控状态；另一类是供管理用的控制图，主要用于发现生产过程是否出现了异常情况，以预防产生不合格品。

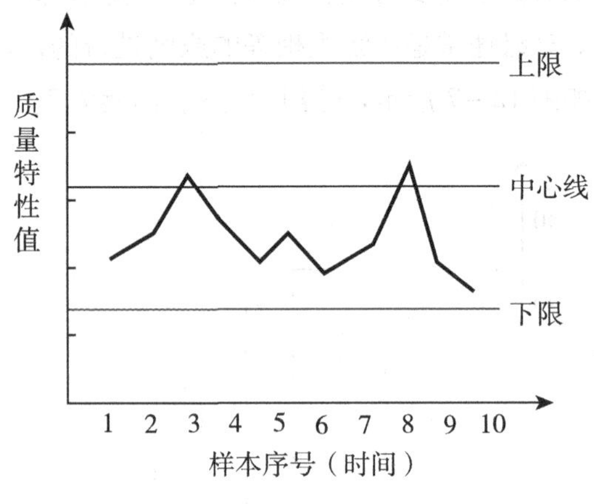

图 12－8　控制图

以上概要介绍了7种常用的质量管理统计方法，这些方法集中体现了质量管理的“以事实和数据为基础进行判断和管理”的特点。最后还需指出的是，这些方法看起来都比较简单，但能够在实际工作中正确、灵活地应用它们并不是一件简单的事。

2. 抽样检验

质量检验是质量控制中一项必不可少的重要工作。它既可以起到“最后把关”（对制成品的检验）的作用，也可以起到“预防控制”（对生产经营输入物资，在制品半成品的检验）的作用。

质量检验的基本方式有两种，一为普检（全数检验），一为抽检（抽样检验）。两种检验方式各有不同的适用对象和条件。就各自的适用对象和适用条件而言，两种检验方式都是必要的。但在现代社会条件下，随着产品门类日益增多、生产规模不断扩大、工程技术突飞猛进，也由于数理统计科学及检验技术自身的发展，抽样检验的应用愈加广泛。故此处我们专门讨论抽样检验问题。

(1) 抽样检验的原理

抽样检验的主要优点有两个：①对一切抽检和全检等效或基本等效的产品（制品）而言，抽样检验明显地具有经济、高效的特点，即快捷（省时）、省力、省料、省费；②抽样检验可以解决某些无法实行全检的产品（主要指检验导致产品丧失使用价值或对人员造成危害）的质量检验及控制问题，减少此类产品检验造成的经济损失或对人员、环境的危害。**当然，上述优点的体现，必须以抽检方案科学、合理为基本前提。**

同任何方法一样，抽样检验也有其局限性的一面。即有时可能出现估计误差（误断）。误断又可分成两种类型：一是“以真作假”。即不合格品率在标准之内的合格批误判为不合格，此种可能造成的风险，称“生产者风险”，其概率通常以“α”表示。二是“以假作真”。即合格品率未达到标准要求的不合格批误判为合格，此种可能造成的风险，称为“消费者风险”，其概率常以“β”表示。在质量抽样检验工作中，应采取多种技术组织措施，务必使两种类型的误差均减小到最低程度。在合同环境下，尤应如此。因为由“误断”造成的经济损失，不是个别、少数产品滞销的损失，而是整批拒收的损失（第 1 种误断）；不仅可能造成经济损失，还会造成商誉的损失，导致继续经营的困难（第 2 种误断）。

科学合理的抽样检验方案，是以概率论中的离散型数据分布原理为理论基础的。具体运用的分布有超几何分布、二项分布和泊松（一译普畦松）分布等。

实行抽样检验，应考虑的因素很多。具体如下：

- N——表示批量，即一批产品的数量。
- n——表示样本量。
- P——即不合格品率（%）。
- D——一批产品的不合格品数，$D=N\cdot P$。
- d——即样本中检验发现的不合格品数。
- C——可以接受的在样本中发现的不合格品的数量界限（也称“合格判断数”）。按常规需使：$d\leqslant C$；若 $d>C$，需方则拒收。

• α——生产者风险概率（“以真作假”之概率）。

• β——消费者风险概率（“以假作真”之概率）。

• P（d/n）——在 n 件样本中发现 d 件不合格品之概率。或表作：b（n，d，p）。

在上述诸多因素中，有 3 个因素是主要的。即：N（批量，一般为已知条件），n（样本量）和 C（合格判断数）。抽检方案通常就是以此三要素表示。

（2）抽样检验的方式

抽样检验按搜集的数据性质分为计数抽样检验和计量抽样检验，按抽取样本的数目不同可分为一次抽样检验、二次抽样检验和多次抽样检验，按抽样方案能否调整分为调整型抽样检验和标准型抽样检验。

计数标准型抽样方案是根据下述准则建立起来的抽样方案，即同时控制两种错判概率，对指定的不合格品率 P_0 和 P_1（$P_0 < P_1$）选取抽样方案，使该方案具有预先指定的第 1 种错判概率 α 和第 2 种错判概率 β。**根据这个方案，只对批的合格与否做出判定，它不需要利用抽检的历史资料，就能满足使用方对每批产品的质量都严格要求的需要。**

计数调整型抽样方案也是目前抽样检验中应用较广的一种抽样方案。调整型抽样检验的特点是使用者可以根据过去检验的历史资料，调整抽样方案的宽严程度。经过初次检验，认为生产者提供的批质量较好时，可采用放宽检验以资鼓励；如认为批质量较差，即可采用加严检验，以促使生产者迅速提高产品质量。总之，充分利用“调整”这一特点，使实际的抽检特性曲线（OC 曲线）尽量接近于理想的 OC 曲线。这种抽检方式原则上适用于连续批的检验以及能选择供应者的进厂检验。

第十三章
设备的维护管理

设备是企业物质系统的重要组成部分，是企业生产的重要物质和技术保证。设备技术状态的好坏，直接影响企业所生产的产品的数量和质量。

——［美］卡尔·福特

一、设备维修管理概述

1. 设备维修管理的含义和内容

(1) 设备维修管理的含义

什么是维修？英国标准3811号给“维修”下的定义是：“各种技术行动与相关的管理行动相配合，其目的是使一个物件保持或者恢复达到能履行它所规定功能的状态。”在工业上，需要维护的对象有生产产品的一切设施和系统以及企业向用户提供的各种产品。

所谓设备维修管理，是指依据企业的生产经营目标，通过一系列的技术、经济和组织措施，对设备寿命周期内的所有设备物质运动形态和价值运动形态进行的综合管理工作。

做好设备管理工作对企业竞争力有重要意义。**在生产的主体由人力向机械力转移的今天，设备管理的好坏对企业的竞争力有着十分重要的影响。**

(2) 设备维修管理的内容

设备管理的主要内容包括：

- 依据企业经营目标及生产需要制订设备规划；
- 选择、购置、安装调试所需设备；
- 对投入运行的设备正确、合理地使用；
- 精心维护保养和及时检查设备，保证设备正常运行；
- 适时改造和更新设备。

2. 设备维修管理的发展

随着工业革命的发生与发展，机器设备逐步加入到生产过程之中，而且发挥着越来越重要的作用。但是，有了机器与设备，并不意味着就产生了设备管理。系统的设备管理与其他职能管理一样，也经历了一个逐步发展和完善的过程，其理论经过长期生产实践的考验，才逐渐形成了较为系统、具有指导意义和可操作性的科学体系。

（1）由事后修理到预防性维修

早期设备管理的特点是不坏不修、坏了再修，以事后修理模式为主。尽管日常工作较为简单，一旦发生问题，所暴露的矛盾将非常尖锐，经济损失也相当大。为了防止这类颠覆性问题的发生，同时也是为了减少设备修理时间过长对生产产生的影响，20 世纪二三十年代，美国、苏联等国家提出了预防性维修的概念，设备管理的重点由事后处理转变为事前防范，通过采用适当的技术与组织措施，尽可能早地消除设备隐患，并将预防和修理相结合，以保证设备的正常运行。

（2）由预防性维修到生产性维修

生产性维修是指以提高企业经济效益为目的对生产系统进行维修的制度，它产生于 20 世纪 50 年代中期，包括了当时日常性的预防和各类功能恢复性的修理。到了 20 世纪 60 年代，生产性维修又发展了维修预防和改革性维修措施，考虑了以维修保预防和在系统维修时对结构的改造，以更好地适应产品生产的要求。

（3）由生产性维修到设备综合管理

在 20 世纪 70 年代，英、日、美等国都分别以不同的名称开始了对设备的综合管理实践，如英国的设备综合工程学、日本的全员生产性维修和美国的后勤学等。它们对设备维修工作都具有重大的突破。它们第一次提出设备维修工作不仅是设备部门的工作，还是设计部门、工程部门和全体生产性人员的工作，只有在设计阶段就考虑维修问题，提高设备的可靠性、易修性，才能减少设备维修的工作量。同时，提出设备的使用人员应更多地参与设备维护与修理，“用工人的手保护你们使用的机器。”这些实践活动突破了设备维修仅是维修阶段的工作，形成了设备综合管理工作是贯穿于设计、制造、使用、维修、改装、更新、报废全生命周期内的管理工作，要求全体人员的积极参与和贡献。

（4）智能维修

随着计算机技术在企业中应用的发展，设备维修领域也发生了重大变化，出现了基于状态维修和智能维修等新方法。

基于状态维修是随着可编程逻辑控制器（PLC）的出现而在生产系统上使用的，现在能够连续地监控设备和加工参数。采用基于状态维修，是把 PLC 直接连接到一台在线计算机上，实时监控设备的状态，如与标准正常公差范围发生任何偏差，都将自动发出报警（或修理命令）。这种维护系统安装成本可能很高，但是可以大大提高设备的使用水平。

智能维修（或称自维修）包括电子系统自动诊断和模块式置换装置，将把远距离设施或机器的传感器数据连续提供给中央工作站。**通过这个工作站，维护专家可以得到专家系统和神经网络的智能支持，以完成决策任务**。然后工作站将向远方的现场发布命令，开始维护例行程序，这些程序可能涉及调整报警参数值、启动机器上的试验振动装置、驱动备用系统或子系统。美国联邦航空管理局（FAA）正在开发远距离维护监控系统（RMMS）就是维护自动化未来发展方向的一个范例。在有些例子中，可以用机器人技术进行远距离模块置换。

二、设备综合工程学

1. 设备全面管理的新方式

设备综合工程学（或称设备综合管理学）是对设备实行全面管理的一种重要方式。其 1970 年首创于英国，继而流传于欧洲各国。

现代化工业的发展，使生产对设备的依赖程度越来越大，但随之也带来了一系列的新问题。

设备日益朝着大型化、复杂化、精密化或超小型化、连续化、超高温、超高压等方向发展，所需设备投资不断增加，如使用不当，将会影响企业的经济效果。

高度机械化、自动化是现代化工业的特点。但在机械化、自动化程度较高的工厂，设备一旦因发生故障而停工，就会打乱生产计划，影响交货期。严重的设备事故，不仅会造成废次品，甚至还会影响人身安全。

大量使用机器设备，使得废水、废气等的排放量增加，对环境造成的污染日益严重。

由于设备的使用效率低，或者漏气、漏水、漏油等弊端，而造成贵重资源和能源的浪费。

由于设备的腐蚀、磨损现象严重，而造成检查、加油、清洁、修理等维护人员的增加和费用的提高。

设备自动化程度的提高，使得工人的工作容易变得单调无味，从而影响劳动情绪和工作效率。

所有这些都对设备管理工作提出了新的挑战，设备综合工程学就是在这种形势下产生和发展起来的一种新型的设备管理方法和体制。

2. 设备综合工程学的特点

设备综合工程学有五个特点。

(1) 把设备的最经济寿命周期费用作为其研究目的

设备的寿命周期费用是指设备从研究设计开始到制造、安装、运转、维修、改造整个过程（或称设备一生）所发生的全部费用。

寿命周期费用可划分为两部分：其一为设置费，包括研究、设计、制造等费用，外购的设备，设置费包括售价、运输及安装费用；其二为维持费，指设备投入运转以后发生的全部费用，如操作人员工资、能源消耗费、维护修理费、固定资产税金等费用。

以寿命周期费用最经济作为评价设备的目标，就是要求在选购设备时，不仅要考虑设置费，同时还要考虑维持费。**售价低的设备，如其维持费高，就不一定是最经济的设备。**

单纯考虑寿命周期费用尚不全面，还要求设备的综合效率要高。设备的综合效率是指设备在整个寿命周期内输出与输入之比。即：

$$设备综合效率=\frac{设备整个寿命期间的输出}{设备的输入}=\frac{PQCDSM}{寿命周期费用}$$

其中，对设备的输入，即设备的寿命周期费用，输出则可用设备在整个寿命周期内的出产量来表示。但要求是在产品质量（Q）、成本（C）、交货期（D）、安全与环境保护（S）、劳动情绪（M）等达到规定条件下的生产量（P），表达式为 PQCDSM。

显然，为提高设备综合效率，应提高它的输出，降低它的输入。

（2）把与设备有关的工程技术、财务、管理等方面结合起来进行综合性管理

设备综合工程学要求对设备进行全面的、综合的管理，要运用工程技术、管理数学、经济学、心理学等多学科知识。这是管理好现代化设备的客观需要。

（3）研究提高设备的可靠性、维修性设计，提高设计质量和效率

设备的设计阶段对其效率有决定性的作用。**设备生产率、精度、维修性、可靠性、环保性、节能性等要求，主要取决于设计阶段。**因此，设备综合工程学要求研究设计的可靠性和维修性。可靠性高、维修性好的设备，寿命周期费用可低，产品产量、质量、交货期易于得到保证，产品成本低，操作安全，易于提高设备效率。

（4）把设备的一生，即整个寿命周期作为管理和研究的对象

设备综合工程学把设备当作一个系统，并以它的整个寿命周期为管理和研究对象。这是系统的观点和方法在设备管理中的应用，是对设备的设计、制造、使用、维修、革新改造以至更新等各个阶段，进行全面的、综合的、技术和经济的管理。

（5）强调设备的设计、使用和费用的信息反馈

设备综合工程学要求建立设计、使用和费用的信息反馈过程，将设备在使用过程发生的问题，维修过程的情况以及各种与设备有关的费用发生资料，反馈给设计制造部门，以便对设备进行改进或研制新的设备。为此，要求疏通设备生产厂和用户厂之间信息反馈的渠道。

简言之，**设备综合工程学是一门以设备一生为研究对象，以提高设备综合效率，使其寿命周期费用最经济为目的的综合性管理学科。**

三、设备的更新和技术改造

1. 设备更新概述

（1）设备更新的含义和内容

①设备更新的含义。设备更新是指用新型设备更换原有的技术落后或经济上不合理的旧设备。它是针对设备综合磨损的一种补偿方式，是维护和扩大社会再生产的重要保证。

②设备更新的内容。设备更新有两个主要内容：以结构、功能相同的新设备简单替换老设备和以技术上更先进、经济效益更显著的新型设备来更换旧设备。后一种方式不仅能解决设备损坏的补偿问题，还能促进企业的技术进步。因此，在经济合理的条件下，应尽量采用后一种更新方式。

设备更新的时机主要取决于设备的寿命。在进行设备更新时，应多掌握设备运行的实际情况，从技术、经济两方面着手，做出正确的更新决策。

（2）设备的寿命

设备的寿命是指设备可运行的年限。从不同角度考虑，设备的寿命可以表现为以下 4 种形式。

①设备的物理寿命。设备的物理寿命也称为设备的自然寿命，指设备从投入使用，到无法运行为止所经历的时间。物理寿命的长短取决于设备的质量好坏、使用程度和维修保养的好坏。随着物理寿命的延长，设备的年经营费用逐渐增加。

②设备的技术寿命。设备的技术寿命指设备从投入使用到由于遭受无形磨损而丧失使用价值被淘汰为止所经历的时间。通常，此时设备的自然寿命并未结束，但由于市场上出现技术更完善、经济效益更好的新设备，继续使用旧设备的企业的生产费用将高于使用新设备的同类生产企业。

③设备的经济寿命。设备的经济寿命指新设备从投入使用开始，到设备的年平均费用最低为止所经历的时间。**年平均费用是指设备运行阶段中**

的年均折旧与年均经营费用之和。设备使用过程中，年平均费用是随时间的变化而变化的。随着设备持续运行，设备的年折旧费逐渐减少，而年经营费用会显著提高。在某一最适宜的使用年限，年平均费用会达到最低值，而此时正是设备达到其经济寿命的时候。

④设备的折旧寿命。由于设备在使用过程中不断地发生各种磨损，财务部门必须把设备投资逐渐摊入成本中去，以收回设备投资。设备从购进到其在财务账簿上价值为零所经历的时间被称为设备的折旧寿命。折旧寿命对企业是否做出淘汰旧设备的决策影响很大，其计算的准确程度直接影响到设备决策的正确性，必须根据经济形势的需要和技术进步的情况，合理地确定设备的折旧方案。

2. 设备的技术改造

(1) 技术改造的含义和意义

设备的技术改造又可称为设备的现代化改装，是一种广义的设备更新方式，是针对设备的无形磨损而采取的局部补偿的设备更新方式，往往与设备的大修理同时进行，是扩大设备的生产能力、提高设备技术水平的重要途径。

企业进行设备的技术改造，通常比更换新设备投入的资金少，并能够有针对性地改善企业现有设备的技术性能，具有改变技术陈旧落后状态的作用和促进技术进步的功能。尤其在设备更新换代速度缓慢的行业中，实施技术改造将是一项意义深远的工作。

(2) 技术改造应遵循的原则

技术改造的目标是提高企业整体经济效益。在进行改造的过程中，必须遵循以下原则。

①以促进技术进步为基础的原则。技术改造应以技术进步为基础，没有技术进步，技术改造也就失去了存在的意义。

②以产品开发为中心的原则。由于产品的生产及销售是企业赖以存在的前提，因此企业技术改造要围绕提高产品质量与性能、降低成本、促进产品更新换代的目标，以生产出符合市场需要的产品。这既是为了满足人

民物质、文化生活的需要，也是维持和扩大企业再生产的必要条件。

③以内涵式扩大再生产为主的原则。因为从我国现有的工业基础及人力、物力、财力等情况看，不适应过多地铺新摊子，应该通过技术改造，用先进的技术、工艺、设备取代落后的技术、工艺、设备，充分挖掘已有企业的生产潜能，实现内涵式扩大再生产。**这种内涵式扩大再生产具有投资少、时间短、见效快的特点，更适合我国目前经济发展的现状。**

④以提高经济效益为目标的原则。不论从什么角度看，技术改造项目是否成功主要取决于它是否提高了企业的经济效益。当然，在我国社会主义制度下，还要考虑目前利益与长远利益、企业利益与国家利益的关系。但从总的方面来说，技术改造的目的就是提高整体的经济效益。

（3）技术改造方案的经济评价

①基本要求。经济评价是对技术改造方案进行评价的最重要的方面之一。技术改造的方案是否可行，主要取决于经济评价的结果。进行经济评价时，要采取正确的评价方法。定性分析与定量计算相结合，要利用各种评价指标对改造前和改造后的效果进行比较，搞清不同方案的优劣，选取最优改造方案。

②主要的评价方法。主要有以下四种方法：

a. 净现值法。通过比较各种方案在服务年限内收益的净现值，选取净现值最大的方案。

b. 投资回收期法。计算各种方案的投资回收的时间，选取投资回收期最短的方案。

c. 出口创汇率法。以在技术改造投入的单位资金为企业增加创汇的多寡进行评价。出口创汇率公式如下：

$$R_K = \frac{S_K}{K} \times 100\%$$

式中：R_K——出口创汇率；

S_K——预计投产后年出口创汇额；

K——技术改造总投资。

d. 内部收益率法。

以上 4 种方法是评价技术改造方案的常用方法，除此之外还有许多其他方法。在技术改造评价时，经常将多种方法同时使用，以便全面考虑，选取比较理想的方案。

四、生产维修

在生产过程中，设备的零件配合表面由于互相接触、摩擦，必然会发生零件磨损，紧固部位要松动，有些零件要老化。因此，发生故障是必然的。所以，除了要合理使用设备外，必须对设备进行维护保养和修理。

设备维修要贯彻预防为主的原则，要预防不正常磨损的产生和加强维护计划的预防性。

1. 零件的磨损与设备的故障规律

(1) 零件的磨损规律

设备零件在使用中的磨损过程大致会经历三个阶段，如图 13－1 所示。第 Ⅰ 阶段称作初期磨损阶段，在这个阶段，零件表面的粗糙度在受力情况下发生较大变化，磨损较快，但时间较短。第 Ⅱ 阶段叫正常磨损阶段。**在这一阶段如果零件的工作条件不变或变化很小，则零件磨损量基本上随时间均匀增加，磨损速度比较缓慢**。第 Ⅲ 阶段为剧烈磨损阶段。由于零件磨损量已超过一定限度，正常配合关系被破坏，配合面之间干摩擦

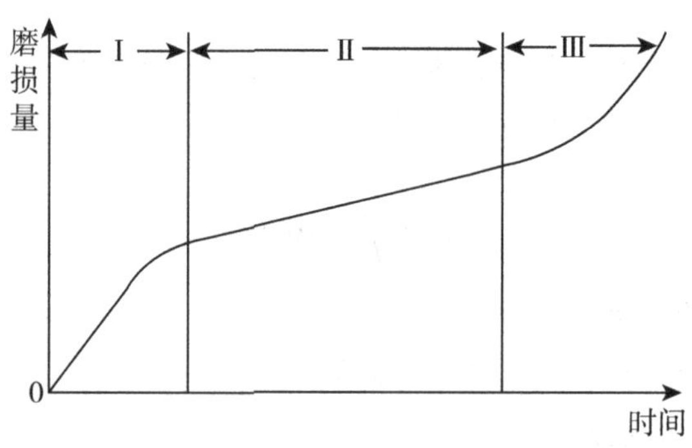

图 13－1　设备零件的磨损曲线

代替了液体摩擦，导致摩擦剧烈增加，有的零件甚至会发生断裂现象。零件在这个阶段的工作，将影响设备的性能、精度和生产率，因此，必须及时更换。

了解和掌握零件的磨损规律，有利于做好设备的维修工作。例如，加强对设备的维护保养，可以延长零件的正常磨损阶段，从而减少设备故障，提高设备的利用率，并延长设备的使用寿命，降低维护费用。加强对设备的日常检查和定期检查，及时掌握设备零件的磨损情况，使零件在进入剧烈磨损阶段之前，就得到修复和更换，以有效地防止设备事故，减少修理工作量，并使设备故障对生产的影响减到最小。准确了解各类零件的使用期限，可以进行预防性的计划修理。

(2) 设备的故障规律

由许多零件组成的设备，其故障的发生也是有规律的。设备故障率的典型曲线如图 13－2 所示。曲线的形状似浴盆，故又称做浴盆曲线。设备故障率曲线亦可划分为三段。

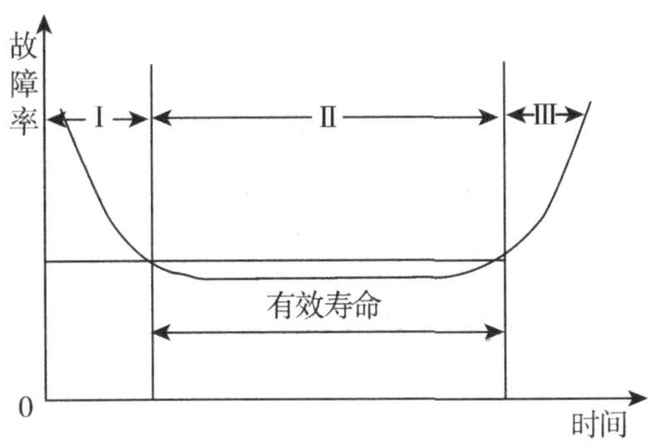

图 13－2　设备典型故障率曲线

第 I 段为初期故障时期，这段时期的故障主要是由于设计上的疏忽、制造质量欠佳、搬运和安装时大意以及操作者不适应等原因而引起的，开始时故障率较高，随后逐渐降低。减少这段时期故障的主要措施是：慎重地搬运及安装设备，严格进行试运转并及时消除缺陷，细致地研究操作方法，将由于设计和制造造成的缺陷情况及时反馈给设备制造单位以便改进。

第Ⅱ段称偶发故障期。这段时期设备出于正常运行阶段，故障率较低，一般情况下是由于维护不好和操作失误而引起的偶然故障。**偶发故障期故障率的高低，取决于是否使用可靠性高的设备，以及是否做好日常维护保养和小修工作等**。偶发故障期一般会持续相当长的时间，这个时期是设备的实际使用期，又称设备的有效寿命。

第Ⅲ期为耗损故障期。设备故障率重新增加的时期称为耗损故障期。做好设备的预防性修理和进行改革性维修，可以降低设备的故障率，延长设备的有效寿命。

2. 设备维修体制

（1）计划预修制

计划预修制是我国在20世纪50年代从苏联引进的一种预防性维修制度。它是根据设备结构、性能、工艺等特点和使用条件，规定设备开动若干时间后，就需有计划地进行检查和修理。

（2）计划保修制

计划保修制从计划预修制演变而来。由于计划预修制需要施行小修、中修、大修三级修理，设备的修理次数较多，不利于生产，且经常成过剩维修，经济效益差。因此，很多企业采取加强维护保养的方法来减少修理次数，就形成了计划保修制。计划保修制就是有计划地进行设备的三级保养加大修理。

（3）全面生产维修制

全面生产维修制（TPM）是日本在学习美国的生产维修和英国的设备综合工程基础上结合日本国情而创立的一套设备管理制度，其做法和内容主要如下。

①以彻底消灭故障为目标，推行三全理念，即全系统、全效率、全员参加。

②推行5S（即整理、整顿、清洁、清扫、素养）管理活动。

③对设备进行ABC分类，突出重点设备的维修工作。

④履行日常点检和定期点检。

⑤规定一系列技术经济指标，作为评价维修工作的标准，主要有：

$$计划作业率=\frac{计划维修作业次数}{全部维修作业次数}\times100\%；$$

$$实际开动率=\frac{实际作业时间}{实有能力时间}\times100\%；$$

$$PM维修次数率=\frac{PM维修次数}{全部维修次数}\times100\%；$$

$$每吨（台）产品维修费用=\frac{全部维修费用}{产品总吨（台）数}[元/吨（台）]；$$

$$停机损失百分比=\frac{设备原因停机损失}{生产总值}\times100\%。$$

⑥坚持预防为主，重视润滑工作。

⑦完整维修记录，重视设备规律研究。**通过分析，找出故障次数多、间隔时间短、维修工作量大、对生产影响大的设备和部件，作为减少维修保养作业研究的重点对象。**

⑧重视人员培训，注意多能工的培养。

五、基本维护决策

1. 设备修理的原则

(1) 维护和修理并存，重在预防

只有维护没有修理，设备的小毛病也拖成大毛病。已损坏零部件得不到更换，将会加速设备的未老先衰，甚至酿成重大事故。只有修理没有维护，就不能减轻设备的磨损，反而会加剧磨损。因此，设备的维护与修理，两者缺一不可，不能互相替代，只能将两者结合起来。减轻设备的磨损，延缓设备磨损的极限到来，防患于未然，关键还在于日常对设备的精心维护保养，预防设备的损坏。

（2）生产和修理并重，修理先行

生产和修理是相互依存的。生产需要良好性能和精度的设备，才能正常顺利地进行，才能取得较好的经济效益。而修理是为了保证设备恢复良好性能和精度，保证生产并促进生产。所以企业在安排生产计划任务时，也一定要安排好设备修理计划，决不能重生产、轻修理。特别要注意的是，不能为赶工突击，让设备“带病”运行。生产如果与修理发生矛盾，就应该设备修理先行。只有修理先行，设备完好，生产才能搞得更好。

（3）以专业修理为主，专群结合

设备修理一般比较复杂，需要专门的知识、技能和手段，所以必须在专业修理部门和人员指导下进行工作。但某些设备小修工作量并不大，操作设备的工人对设备的脾气、毛病、故障也非常熟悉时，让他们参与修理，有利于修理工作做得更准、更快、更好。

2. 设备修理的组织形式

（1）集中组织形式

集中组织形式是将修理设备用的各种机械、劳动手段、工具、备品备件和修理人员集中起来，组建成修理部或修理车间，集中负责整个企业设备的修理工作。**这种组织形式有利于修理资源的集中、合理使用，有利于完成大型、复杂、高精尖设备的修理工作任务。**

（2）分散组织形式

分散组织形式是将修理设备的资源（劳动资料、手段、工具、修理技术人员、物资等）分别配置到各个基本生产车间，各车间分别负责和承担设备修理工作任务。这种组织形式使修理工作配置在生产现场，有利于使生产和修理更紧密地结合起来，使修理工作更加及时、灵活、快捷，但不利于集中调配全厂的修理资源，也不利于发挥高效专用修理设备和工具的作用。分散组织形式一般适用车间规模大且分散布局的企业，只能承担中小修的工作。

(3) **混合组织形式**

混合组织形式是指企业内既有专门负责大修的修理车间，而在各生产车间又分别配有自己的修理人员和设备，负责中修和小修。这种既有集中，又有分散的组织形式，其优点是既便于充分利用修理的资源，又能较好同生产现场结合起来，完成大、中、小修各项任务。

六、设备的可靠性

1. 设备的可靠性含义及评定

(1) **设备可靠性的含义**

设备的可靠性是指设备在规定使用条件下和规定时间内完成规定功效的能力。

评定设备的可靠性，不能靠用仪器仪表检测设备的技术性能指标而轻易判断，而必须进行可靠性分析、研究，才能做出正确的评定。

(2) **设备可靠性的评定**

评定设备的可靠性，必须注意以下问题。

①设备运行时的实际条件与规定的条件是否一致。设备在设计、制造出厂时，都规定了明确的条件。包括使用条件、维护保养条件、储存条件等。一般来讲，设备的可靠性是与上述条件息息相关的。条件越差，可靠性越低。因此，必须首先判明设备是否符合规定的条件，然后在这一规定条件的基础上评定设备的可靠性。

②应在规定的时间范围内来评定设备的可靠性。对于任何设备而言，可靠性都与其工作时间有关。**一般来讲，设备工作时间越长，可靠性越低。特别是电子设备对时间更为敏感，经过一段时间使用后，可靠性便会降低**。因此，必须在规定时间内评定设备的可靠性，将可靠性与时间相联系这一点，正是与设备技术性能指标的区别所在。

③设备的可靠性与其规定的功能、效用有关。所谓设备的功效，是指

设备应具有的技术性能、用途、效率等。它通过一系列技术指标来表达，如电子计算机设备的运算速度、内存取周期、字长、容量、指令数等。评定设备可靠性当然要对这些技术性能指标进行评价。

2. 设备可靠性的特征量

对设备的可靠性分析和评定，不仅是定性分析研究，更主要的是进行定量分析研究。为此，必须借助于反映可靠性的特征量，来对设备可靠性的相应能力做出明确的定量分析评估。反映可靠性的特征量很多，主要有可靠度、故障率、平均无故障工作时间等。任一特征量只能表示可靠性的某一个特征方面。所以，对不同类型设备要使用不同的特征量来描述。

（1）可靠度

可靠度 $R(t)$ 是指设备在规定条件下和规定时间 t 内完成规定功效的概率。对应地不可靠度就是指设备在规定条件下和规定时间 t 内发生故障的概率。

根据概率论原理，有下式成立：

$$R(t)+F(t)=1$$

这里 $F(t)$ 为累积故障率

由上式可推出可靠度的取值范围为

$$0 \leqslant R(t) \leqslant 1$$

故　　$R(0)=1, \quad R(\infty)=0$

可靠度可细分成以下三种。

①固有可靠度 R_1。是指设备在设计、制造时内在的可靠度。设备按这种既定设计方案和工艺方法制造完成后，可靠度即成为设备的固有属性。

②使用可靠度 R_2。是指设备在使用过程中，由于受工作环境、维修、储运、保管及操作等条件影响，对降低固有可靠度 R_1 的概率。

③工作可靠度 R_0。是指设备在规定的目的和条件下使用时，在预定时间内，实现规定功效的概率。

三种可靠度之间的关系，可用下式表示：

$$R_0 = R_1 \cdot R_2$$

从上式可知，设备实际工作可靠度，与固有可靠度和使用可靠度两者都有关系，但最基本和最重要的还是固有可靠度。所以一定要从设备设计技术方案开始时，就最充分地进行可靠性设计。

（2）**平均无故障工作时间**

①平均无故障工作时间的含义。平均无故障工作时间又称平均故障间隔期，亦称平均寿命。它是指相邻两故障间正常工作时间的平均值。如果平均无故障工作时间越长，设备就越可靠。**由于平均无故障工作时间易于计量，所以在可修复设备中被广泛作为其可靠性的数量度量。**

②平均无故障工作时间。设备的平均无故障工作时间，只要有足够的累积工作时间与故障发生次数的原始统计数据，就可进行计算，或者已知设备的可靠度函数或故障分布密度函数，就可通过积分处理，求得设备的平均无故障工作时间。

（3）**故障率**

故障率是指对可修复的设备，工作到某时刻尚未失效，而在该时刻以后单位时间内发生失效的概率。故障率用来表达设备在某时刻发生故障的可能性有多大，也是设备可靠性的数量度量。

3. 设备维修性与可靠性的关系

（1）**设备维修性的含义**

设备的维修性，是指对在规定条件下使用的设备，在规定时间内按规定程序和方法进行维修时，使设备恢复到原定功效的能力。

设备的维修性，与多种因素有关，如维修的方式、操作技术、维修时间、维修费用等。除这些维修过程的直接因素外，还与设备本身的设计、制造、安装、使用密切相关。**总之，要用最短的时间、最省的费用、最简便的方法使设备恢复原有功效，完成设备维修任务。**

（2）**设备维修性与可靠性的关系**

设备的维修性与设备的可靠性之间存在着相辅相成的辩证关系。主要体现在以下 4 个方面：

①设备的维修性好，设备的故障减少，故障率降低，平均寿命延长，从而设备的可靠性将得到提高；反之，维修不及时或维修效果差，设备就容易发生故障，从而设备的可靠性会降低。

②提高设备可靠性，能延长设备使用时间；提高设备的维修性，能缩短设备的停机时间。两者结合起来并同时提高，就更能提高设备的有效性，即设备即使发生故障，也能在规定时间内修复，仍能正常工作，等于是在可靠度基础上增加了一个维修度所形成的可靠度增量。

③从设备的设计方案中就综合考虑保证可靠性与维修性，把两者结合起来。这样，就能够减少维修费用，使设备的经济效益提高。

④设备的可靠性和维修性都应十分稳定。除非规定的条件发生重大变化，一般不应轻易变动。这样才能使设备处在正常状态，也才能使设备在发生故障时迅速恢复和保持正常使用的状态。